ACHTSAMKEIT LEICHT GEMACHT

EIN EINFACHER LEITFADEN MIT ÜBUNGEN, UM STRESS ZU REDUZIEREN UND MEHR FOKUS IN MINUTEN ZU ERREICHEN

JONAS WEIFELD

Achtsamkeit Leicht Gemacht

© Copyright 2024 von Jonas Weifeld

Erste Ausgabe

Alle Rechte vorbehalten

Urheberrecht

Alle Inhalte dieses Buches sind urheberrechtlich geschützt. Es ist strengstens untersagt, dieses Werk oder Teile davon ohne vorherige schriftliche Genehmigung des Herausgebers zu reproduzieren. Die einzige Ausnahme bildet die kurze Zitierung von Auszügen zu Zwecken von Rezensionen oder Veröffentlichungen, sofern diese ordnungsgemäß referenziert werden.

Rechtlicher Hinweis

Die in diesem Buch bereitgestellten Informationen und Inhalte sind nicht dazu gedacht, medizinische oder professionelle Beratung zu ersetzen. Sie dienen ausschließlich Bildungs- und Unterhaltungszwecken. Dieses Buch ist keine Alternative zu medizinischer, rechtlicher, finanzieller oder anderer professioneller Beratung. Bei Bedarf wird dringend empfohlen, entsprechende qualifizierte Fachleute zu konsultieren.

Haftungsausschluss für Beispiele und Geschichten

Dieses Buch enthält Geschichten, Beispiele und Zitate, die ausschließlich zu Illustrations- und Lernzwecken erstellt wurden. Diese narrativen Elemente, einschließlich Namen, Charaktere, Orte und Ereignisse, sind entweder Produkte der Vorstellungskraft des Autors oder werden fiktiv verwendet. Jede Ähnlichkeit mit tatsächlichen Personen, lebendig oder verstorben, Unternehmen, Ereignissen oder Orten ist rein zufällig. Die enthaltenen Geschichten und Beispiele sollen Konzepte und Ideen veranschaulichen und dürfen nicht als Tatsachenberichte oder authentische Zeugnisse interpretiert werden.

Richtigkeit der Informationen

Die in diesem Buch enthaltenen Informationen wurden aus Quellen bezogen, die der Autor zum Zeitpunkt ihrer Erhebung als zuverlässig und genau erachtet hat. Trotz aller Bemühungen um Sorgfalt kann der Autor keine Garantie für die Richtigkeit und Gültigkeit aller Informationen übernehmen. Daher wird keine Haftung für etwaige

Fehler oder Auslassungen übernommen. Es wird dringend empfohlen, einen qualifizierten Fachmann zu konsultieren, bevor Anleitungen, Techniken oder Informationen aus diesem Buch angewendet werden.

Haftungsausschluss

Die Nutzung der in diesem Buch enthaltenen Informationen erfolgt auf eigene Verantwortung. Der Autor übernimmt keine Haftung für Verluste, Schäden oder Verletzungen, die durch die direkte oder indirekte Anwendung der Inhalte dieses Buches entstehen, sei es aufgrund von Vertragsverletzungen, Fahrlässigkeit, persönlicher Verletzung oder vorsätzlichem Fehlverhalten.

Durch die Nutzung der in diesem Buch enthaltenen Informationen akzeptiert der Leser, dass der Autor von jeglicher Haftung oder daraus resultierenden Kosten, einschließlich Rechtskosten, freigestellt wird. Es wird ausdrücklich darauf hingewiesen, dass die Inhalte nicht als alleinige Grundlage für Entscheidungen verwendet werden sollten, ohne vorher eine qualifizierte Beratung durch Experten wie Ärzte, Anwälte oder Finanzberater eingeholt zu haben.

Akzeptanz der Bedingungen

Mit der fortgesetzten Lektüre dieses Buches stimmen Sie diesen Bedingungen zu und verpflichten sich, fundierte Entscheidungen nach Rücksprache mit geeigneten Fachleuten zu treffen. Alle Risiken, die sich aus der Nutzung der in diesem Buch präsentierten Informationen ergeben, trägt der Leser selbst.

KAPITEL EINS
EINFÜHRUNG IN DIE ACHTSAMKEIT

WAS IST ACHTSAMKEIT?

Achtsamkeit ist mehr als ein Modewort oder eine flüchtige Wellness-Idee. Sie ist ein Zustand des bewussten Seins im gegenwärtigen Moment, frei von Bewertung und Ablenkung. Ursprünglich entstammt das Konzept der Achtsamkeit den alten Lehren des Buddhismus, insbesondere der Vipassana-Meditation, die „Einsicht" bedeutet. Doch in den letzten Jahrzehnten hat die Achtsamkeit ihren Weg in die westliche Welt gefunden – losgelöst von religiösen Konnotationen und als universelle Praxis anerkannt, die Menschen aller Hintergründe hilft, ein bewussteres und erfüllteres Leben zu führen.

Jon Kabat-Zinn, der Begründer des Mindfulness-Based Stress Reduction (MBSR)-Programms, beschreibt Achtsamkeit treffend als das „bewusste Lenken der Aufmerksamkeit auf den gegenwärtigen Moment, ohne ihn zu bewerten". Diese Definition mag einfach erscheinen, doch sie offenbart eine tiefere Wahrheit: Viel zu oft leben wir auf Autopilot, reagieren reflexhaft und übersehen die Details des Lebens, die direkt vor uns liegen. Achtsamkeit bringt uns zurück zu einem Zustand, in dem wir wieder aktiv wahrnehmen, statt passiv zu funktionieren.

Ein achtsamer Mensch erlebt die Welt intensiver – die Farben leuchten klarer, Gespräche gewinnen an Tiefe, und selbst einfache Aufgaben wie das Trinken einer Tasse Tee werden zu einer bereichernden Erfahrung. Achtsamkeit bedeutet nicht, dass Du jeden Moment genießen musst. Sie fordert Dich vielmehr dazu auf, den Moment so zu akzeptieren, wie er ist – sei es angenehm, neutral oder schwierig.

DIE BEDEUTUNG DER ACHTSAMKEIT IM MODERNEN ALLTAG

Wir leben in einer Zeit, in der Ablenkungen allgegenwärtig sind. Smartphones, soziale Medien, endlose To-Do-Listen und beruflicher Druck prägen unseren Alltag. Viele von uns fühlen sich, als müssten sie ständig „on" sein – verfügbar, produktiv und erfolgreich. Doch dieser Zustand permanenter Erreichbarkeit hat seinen Preis: Stress, Überforderung und das Gefühl, den Kontakt zu sich selbst zu verlieren.

Achtsamkeit bietet hier eine Gegenbewegung. Sie lädt Dich ein, einen Schritt zurückzutreten und die Momente des Lebens bewusster wahrzunehmen. Dies kann bedeuten, dass Du Dir morgens ein paar Minuten Zeit nimmst, um Deine Atmung zu spüren, bevor Du Deinen Tag beginnst. Oder dass Du während eines Gesprächs wirklich zuhörst, statt gleichzeitig an die nächste Aufgabe zu denken. Es geht darum, innezuhalten und dem Leben wieder Tiefe zu verleihen.

Ein achtsames Leben hilft Dir nicht nur, Stress zu reduzieren, sondern auch Deine Fähigkeit zu stärken, Dich auf das Wesentliche zu konzentrieren. Stell Dir vor, wie viel klarer und fokussierter Dein Geist sein könnte, wenn Du nicht ständig zwischen Gedanken und Aufgaben hin- und herspringst. Studien zeigen, dass Menschen, die regelmäßig Achtsamkeit praktizieren, eine verbesserte emotionale Balance, höhere Konzentrationsfähigkeit und tiefere Zufriedenheit erleben. Achtsamkeit bringt Dich zurück zu Deinem inneren Kern, selbst inmitten der Hektik des modernen Lebens.

Ein weiterer Aspekt ist die innere Ruhe, die durch Achtsamkeit entsteht. Sie hilft Dir, den Druck des Alltags mit Gelassenheit zu betrachten und die Energie zu finden, Herausforderungen zu bewältigen. Wie ein Anker in stürmischer See ermöglicht Dir die Praxis, in Dir selbst Ruhe zu finden, anstatt nach äußeren Lösungen zu suchen.

WARUM ACHTSAMKEIT STRESS REDUZIEREN KANN

Die Wirkung der Achtsamkeit auf Stress ist mittlerweile wissenschaftlich gut dokumentiert. Aber warum funktioniert sie? Die Antwort liegt in der Funktionsweise unseres Gehirns. Wenn wir gestresst sind, aktiviert unser Gehirn den sogenannten „Kampf-oder-Flucht-Modus". Dabei wird das Stresshormon Cortisol ausgeschüttet, das unseren Körper in Alarmbereitschaft versetzt: Herzschlag und Atmung beschleunigen sich, Muskeln spannen sich an, und unser Fokus verengt sich auf die wahrgenommene Bedrohung. Dieser Mechanismus war in der Evolution überlebenswichtig – er half unseren Vorfahren, vor Gefahren wie Raubtieren zu fliehen.

Doch in der modernen Welt wird dieser Stressmechanismus oft durch alltägliche Situationen ausgelöst: eine anstehende Deadline, ein Streit mit einem Kollegen oder der ständige Druck, perfekt zu sein. Das Problem ist, dass unser Körper nicht zwischen einem echten Lebensbedrohungsszenario und einem vollen Posteingang unterscheiden kann. Chronischer Stress entsteht, wenn dieser Alarmzustand über längere Zeit anhält.

Achtsamkeit unterbricht diesen Teufelskreis. Indem Du lernst, Deine Gedanken und Gefühle bewusst zu beobachten, ohne in automatische Reaktionen zu verfallen, kannst Du den „Kampf-oder-Flucht-Modus" deaktivieren und Dein Nervensystem beruhigen. Wissenschaftler haben gezeigt, dass regelmäßige Achtsamkeitspraxis die Aktivität der Amygdala – der Stresszentrale im Gehirn – verringert und gleichzeitig den präfrontalen Kortex stärkt, der für rationale Entscheidungen und emotionale Regulation zuständig ist.

Praktisch gesehen bedeutet das: Wenn Du achtsam bist, erkennst Du Stressauslöser schneller und kannst bewusster entscheiden, wie Du darauf reagieren möchtest. Anstatt impulsiv zu handeln oder in Gedankenspiralen zu verfallen, schaffst Du Raum zwischen Reiz und Reaktion. In diesem Raum liegt die Freiheit, den Stress nicht weiter zu nähren, sondern ihn loszulassen.

Ein weiterer Vorteil ist die Stärkung Deiner Resilienz – der Fähigkeit, mit Herausforderungen besser umzugehen. Achtsamkeit gibt Dir das Werkzeug, selbst in schwierigen Zeiten zentriert und handlungsfähig zu bleiben. Sie lehrt Dich, Deine Emotionen zu regulieren, statt von ihnen überwältigt zu werden, und fördert ein Gefühl innerer Kontrolle, das Stress nachhaltig reduziert.

MYTHEN UND MISSVERSTÄNDNISSE ÜBER ACHTSAMKEIT

Trotz ihrer zunehmenden Popularität wird Achtsamkeit oft missverstanden. Einer der häufigsten Mythen ist, dass Achtsamkeit bedeutet, alle Gedanken loszuwerden oder immer entspannt zu sein. Doch das ist weit von der Realität entfernt. Achtsamkeit geht nicht darum, Deinen Geist zu „leeren", sondern darum, Deine Gedanken und Gefühle zu bemerken, ohne Dich von ihnen kontrollieren zu lassen. Es ist völlig normal, dass der Geist wandert – das Wichtigste ist, dass Du ihn sanft zurück in den Moment bringst, wenn Du es bemerkst.

Ein weiteres Missverständnis ist, dass Achtsamkeit nur für ruhige, meditative Momente geeignet ist. Viele glauben, sie bräuchten ein stilles Zimmer, eine perfekte Sitzhaltung oder viel Zeit, um Achtsamkeit zu praktizieren. Die Wahrheit ist, dass Achtsamkeit überall und jederzeit geübt werden kann – beim Zähneputzen, in der Warteschlange im Supermarkt oder sogar während eines schwierigen Gesprächs. Es ist eine Praxis, die sich in jeden Aspekt des Lebens integrieren lässt, unabhängig von Deiner Umgebung.

Manche Menschen glauben auch, dass Achtsamkeit egoistisch sei, weil sie sich so stark auf das eigene Innere konzentriert. Doch das Gegenteil ist der Fall: Achtsamkeit macht Dich sensibler für die Bedürfnisse anderer, weil Du lernst, präsent zu sein und Deine Aufmerksamkeit nicht nur auf Dich selbst, sondern auch auf Dein Umfeld zu richten. Sie fördert Empathie, Mitgefühl und eine tiefere Verbindung zu anderen.

Ein weiterer verbreiteter Irrglaube ist, dass Achtsamkeit nur für Menschen ist, die bereits entspannt oder spirituell interessiert sind. In

Wahrheit profitieren Menschen in allen Lebenslagen davon, unabhängig von ihrer Persönlichkeit oder ihren bisherigen Erfahrungen. Tatsächlich wenden immer mehr Unternehmen, Krankenhäuser und Schulen Achtsamkeitsprogramme an, um Stress zu reduzieren und Wohlbefinden zu fördern – ein klares Zeichen dafür, dass Achtsamkeit universell wirksam ist.

Zuletzt gibt es die Befürchtung, dass Achtsamkeit schwierig oder zeitaufwändig sei. Natürlich erfordert die Praxis etwas Geduld und Engagement, doch sie ist weder kompliziert noch unzugänglich. Schon wenige Minuten pro Tag können einen spürbaren Unterschied machen. Du musst kein Experte sein, um anzufangen – jeder Schritt, egal wie klein, ist wertvoll.

Dieses Kapitel hat Dir die Grundlagen der Achtsamkeit nähergebracht: Was sie ist, warum sie gerade in der heutigen Zeit so wichtig ist, wie sie Stress reduziert und welche Missverständnisse Dich vielleicht davon abgehalten haben könnten, sie auszuprobieren. Im nächsten Kapitel wirst Du verstehen, wie Stress auf Deinen Körper und Geist wirkt – und warum Achtsamkeit der Schlüssel sein kann, diesen Kreislauf zu durchbrechen.

KAPITEL ZWEI
DER KREISLAUF DES STRESSES VERSTEHEN

WAS PASSIERT IM GEHIRN UND KÖRPER BEI STRESS?

Stell Dir vor, Du hörst plötzlich eine laute Sirene – Dein Herz beginnt schneller zu schlagen, Deine Muskeln spannen sich an, und Deine Gedanken rasen. Dies ist die typische Reaktion Deines Körpers auf Stress, eine biologische Schutzfunktion, die tief in unserem Nervensystem verankert ist. Dieser Mechanismus, der seit Tausenden von Jahren in uns Menschen existiert, ist entscheidend für unser Überleben. Doch was genau passiert dabei im Gehirn und Körper?

Im Zentrum der Stressreaktion steht die Amygdala, ein mandelförmiger Bereich im limbischen System Deines Gehirns. Sie fungiert als Alarmsystem und reagiert blitzschnell auf potenzielle Bedrohungen – ob reale Gefahren wie ein herannahendes Auto oder alltägliche Herausforderungen wie eine unangenehme E-Mail. Wird die Amygdala aktiviert, sendet sie ein Signal an den Hypothalamus, der das autonome Nervensystem einschaltet. Dieses System regelt unbewusste Prozesse wie Herzschlag, Atmung und Verdauung. In stressigen Momenten versetzt es den Körper in einen Zustand hoher Wachsamkeit, indem es Adrenalin und später Cortisol freisetzt.

Adrenalin, das Soforthormon, erhöht Deinen Herzschlag, erweitert Deine Atemwege und schickt mehr Blut in die Muskeln, damit Du schnell reagieren kannst. Gleichzeitig sorgt Cortisol dafür, dass Dein Körper länger im Alarmmodus bleibt, indem es den Blutzuckerspiegel erhöht und nicht essenzielle Funktionen wie die Verdauung vorübergehend herunterfährt. Diese kurzfristigen Anpassungen sind überlebenswichtig – sie bereiten Dich darauf vor, zu kämpfen oder zu fliehen.

Problematisch wird es, wenn dieser Zustand anhält. Chronischer Stress, also ein Zustand, in dem Dein Körper dauerhaft hohe Cortisolspiegel aufrechterhält, wirkt sich negativ auf Deine Gesundheit aus. Dein Immunsystem wird geschwächt, Deine Verdauung beeinträchtigt und Dein Schlaf gestört. Im Gehirn führt chronischer Stress zu einer Überaktivität der Amygdala und einer Schwächung des präfrontalen Kortex, der für rationales Denken und Selbstkontrolle zuständig ist. Mit anderen Worten: Dein Gehirn wird anfälliger für emotionale Überreaktionen, und Deine Fähigkeit, Probleme klar zu analysieren, nimmt ab.

Das Wissen darüber, was bei Stress in Deinem Körper und Geist passiert, ist der erste Schritt, um den Kreislauf zu durchbrechen. Es gibt Dir die Macht, Deine Reaktionen bewusster wahrzunehmen und darauf zu achten, wie Du mit stressigen Situationen umgehst.

DIE HÄUFIGSTEN STRESSOREN IM ALLTAG

Obwohl unsere Welt heute nicht mehr voller Raubtiere ist, gibt es viele moderne Stressoren, die unser Nervensystem ähnlich stark beanspruchen. Einer der größten Auslöser ist der Zeitdruck, den viele Menschen empfinden. Deadlines, vollgepackte Terminkalender und das Gefühl, niemals genug Zeit zu haben, führen dazu, dass unser Körper ständig auf Hochtouren läuft. Es ist, als würde Dein Gehirn durchgehend „Eile!" rufen, selbst wenn keine unmittelbare Gefahr besteht.

Ein weiterer Stressfaktor ist die Arbeit, die oft mit hohen Erwartungen und geringem Handlungsspielraum einhergeht. Ob Du Überstunden machst, Konflikte mit Kollegen bewältigst oder das Gefühl hast, nicht genug Anerkennung zu bekommen – berufliche Belastungen können schnell dazu führen, dass Stress chronisch wird. Für viele Menschen kommt zusätzlich der Druck hinzu, Privat- und Berufsleben miteinander in Einklang zu bringen, was zu dem Gefühl führt, immer irgendwo zu kurz zu kommen.

Auch Beziehungen können eine Quelle von Stress sein. Konflikte mit Partnern, Familie oder Freunden erzeugen oft emotionale Belastungen, die schwer loszulassen sind. Ein einziges unangenehmes Gespräch oder unausgesprochene Erwartungen können Tage oder Wochen in Deinen Gedanken nachhallen.

Nicht zu unterschätzen ist die digitale Überlastung, die in unserer technisierten Welt immer präsenter wird. Ständig erreichbar zu sein, von Nachrichten und Benachrichtigungen bombardiert zu werden und sich mit den scheinbar perfekten Leben anderer in sozialen

Medien zu vergleichen, trägt dazu bei, dass unser Geist nie wirklich zur Ruhe kommt.

Selbst vermeintlich kleine Dinge wie Staus, Wartezeiten oder ein überfüllter Terminkalender können sich summieren und zu einem anhaltenden Stresszustand führen. Es ist wichtig, diese Stressoren bewusst zu identifizieren, um gezielt an ihrer Reduzierung zu arbeiten. Achtsamkeit kann Dir helfen, die subtilen Auslöser zu erkennen, die oft unbewusst Deine Energie rauben.

WIE ACHTSAMKEIT DEN STRESSKREISLAUF DURCHBRICHT

Achtsamkeit bietet eine einzigartige Möglichkeit, die Kettenreaktion von Stress zu unterbrechen. Der Schlüssel liegt darin, bewusst innezuhalten und Deine automatischen Reaktionen zu beobachten. Denn oft sind es nicht die äußeren Stressoren selbst, die uns belasten, sondern unsere Interpretation und Reaktion darauf. Achtsamkeit hilft Dir, diese innere Dynamik zu erkennen und neue, bewusstere Wege zu wählen.

Ein wesentlicher Aspekt ist das Erlernen, die eigenen Gedanken und Emotionen als das zu sehen, was sie sind: vorübergehende Ereignisse, die kommen und gehen, anstatt unveränderliche Wahrheiten. Wenn Du zum Beispiel eine E-Mail erhältst, die Kritik enthält, könntest Du automatisch denken: „Ich bin nicht gut genug" oder „Ich werde Probleme bekommen". Diese Gedanken lösen Stress aus. Doch mit Achtsamkeit kannst Du innehalten und Dich fragen: „Ist das wirklich wahr?" oder „Wie fühlt sich das gerade in meinem Körper an?" Allein dieser Moment des Innehaltens unterbricht die automatische Stressreaktion und gibt Dir die Möglichkeit, klarer zu denken.

Auch die bewusste Wahrnehmung der körperlichen Symptome von Stress, wie erhöhter Herzschlag oder flache Atmung, ist ein mächtiges Werkzeug. Anstatt in den Alarmmodus zu verfallen, kannst Du lernen, bewusst zu atmen und Deinen Körper zu beruhigen. Eine einfache Atemübung, wie das langsame Ein- und Ausatmen, sendet ein Signal an Dein Nervensystem, dass keine unmittelbare Gefahr besteht. Diese kleinen, bewussten Schritte summieren sich und können den Stresskreislauf nachhaltig verändern.

Ein weiterer Vorteil der Achtsamkeitspraxis ist die Stärkung der inneren Beobachterperspektive. Anstatt Dich vollständig mit Deinen Gedanken und Gefühlen zu identifizieren, kannst Du eine gewisse Distanz schaffen. Das gibt Dir die Freiheit, bewusster zu wählen, wie Du auf eine Situation reagieren möchtest, anstatt Dich von Deinen Emotionen überwältigen zu lassen.

Langfristig betrachtet verändert Achtsamkeit auch die Art und Weise, wie Dein Gehirn auf Stress reagiert. Regelmäßige Praxis stärkt den präfrontalen Kortex, der für bewusstes Handeln und emotionale Regulation zuständig ist. Gleichzeitig wird die Aktivität der Amygdala, die für die Stressreaktion verantwortlich ist, reduziert. Dadurch wirst Du weniger anfällig für Überreaktionen und kannst selbst in herausfordernden Situationen gelassener bleiben.

DIE WISSENSCHAFTLICHE GRUNDLAGE DER ACHTSAMKEIT

Die positiven Wirkungen der Achtsamkeit auf Stress sind nicht nur subjektive Erfahrungen, sondern wurden in zahlreichen wissenschaftlichen Studien bestätigt. Besonders hervorzuheben sind Forschungen aus der Neurobiologie, die zeigen, wie regelmäßige

Achtsamkeitspraxis das Gehirn verändert. Mithilfe bildgebender Verfahren wie der funktionellen Magnetresonanztomografie (fMRT) konnten Forscher nachweisen, dass Menschen, die Achtsamkeit üben, eine geringere Aktivität in der Amygdala und eine verstärkte Verbindung zwischen dieser und dem präfrontalen Kortex zeigen. Das bedeutet, dass sie weniger schnell in den Stressmodus verfallen und gleichzeitig besser in der Lage sind, ihre Emotionen bewusst zu regulieren.

Eine der bekanntesten Studien zu Achtsamkeit stammt von Jon Kabat-Zinn, der das MBSR-Programm entwickelte. Teilnehmer, die acht Wochen lang täglich Achtsamkeit übten, berichteten von einer signifikanten Reduktion ihres wahrgenommenen Stressniveaus. Aber nicht nur das – objektiv messbare Marker wie der Cortisolspiegel im Speichel und die Herzfrequenzvariabilität zeigten ebenfalls Verbesserungen. Diese Ergebnisse belegen, dass Achtsamkeit nicht nur Deine Wahrnehmung verändert, sondern auch auf biologischer Ebene wirkt.

Weitere Studien zeigen, dass Achtsamkeit Entzündungswerte im Körper senken kann, die oft mit chronischem Stress verbunden sind. Forscher gehen davon aus, dass dies durch die Regulation der sogenannten HPA-Achse (Hypothalamus-Hypophysen-Nebennieren-Achse) geschieht, die eine zentrale Rolle in der Stressantwort spielt.

Auch auf psychologischer Ebene gibt es beeindruckende Beweise für die Wirksamkeit von Achtsamkeit. Sie hilft nicht nur, akuten Stress zu bewältigen, sondern wirkt auch präventiv, indem sie Resilienz und emotionale Stabilität fördert. Menschen, die regelmäßig Achtsamkeit praktizieren, berichten von einer verbesserten Lebenszufriedenheit, weniger Ängsten und einer gesteigerten Fähigkeit, mit den Höhen und Tiefen des Lebens umzugehen.

Ein besonders interessantes Feld ist die Anwendung von Achtsamkeit in der Arbeitswelt. Studien zeigen, dass Mitarbeiter, die an Achtsamkeitstrainings teilnehmen, weniger Burnout-Symptome entwickeln und produktiver sind. Dies liegt nicht nur daran, dass sie Stress besser bewältigen können, sondern auch daran, dass Achtsamkeit die Fähigkeit verbessert, Prioritäten zu setzen und sich auf das Wesentliche zu konzentrieren.

Die wissenschaftlichen Erkenntnisse unterstreichen, dass Achtsamkeit mehr ist als ein Trend – sie ist eine tiefgreifende Praxis, die sowohl Körper als auch Geist positiv beeinflusst. Und das Beste daran? Sie steht jedem zur Verfügung, unabhängig von Alter, Erfahrung oder Lebenssituation. Achtsamkeit ist keine abstrakte Theorie, sondern eine praxisnahe Methode, die Du jederzeit in Dein Leben integrieren kannst. Mit jedem bewussten Atemzug kannst Du den Kreislauf des Stresses ein Stück weiter durchbrechen.

KAPITEL DREI
ERSTE SCHRITTE ZUR ACHTSAMKEIT

EINFÜHRUNG IN DIE GRUNDPRINZIPIEN DER ACHTSAMKEIT

Achtsamkeit ist eine Fähigkeit, die in jedem von uns angelegt ist. Doch wie jede Fähigkeit muss sie gepflegt und geübt werden, damit sie im Alltag präsent wird. Die Grundprinzipien der Achtsamkeit bilden das Fundament dieser Praxis und zeigen, worauf es wirklich ankommt: *Gegenwärtigkeit*, *Akzeptanz* und *absichtslose Wahrnehmung*. Diese Prinzipien mögen auf den ersten Blick abstrakt erscheinen, doch in ihrer Anwendung entfalten sie eine tiefe Klarheit.

Gegenwärtigkeit bedeutet, die Aufmerksamkeit voll und ganz auf den Moment zu richten. Das klingt einfach, doch in der Realität neigt unser Geist dazu, zwischen der Vergangenheit und der Zukunft hin und her zu springen. Wir denken an Fehler von gestern oder planen obsessiv den morgigen Tag. In der Gegenwärtigkeit zu bleiben, bedeutet, diesen Drang zu bemerken und sich bewusst dafür zu entscheiden, im Hier und Jetzt zu verweilen. Nur im gegenwärtigen Moment können wir wirklich leben und handeln.

Die **Akzeptanz** ist ein weiteres Schlüsselelement. Sie bedeutet, dass Du die Erfahrungen, die im Moment auftauchen, ohne Widerstand oder Urteil annimmst. Das bedeutet nicht, dass Du unangenehme Situationen oder Gefühle gutheißen musst. Es geht vielmehr darum, sie anzuerkennen und zu akzeptieren, wie sie sind. Widerstand gegen das, was bereits da ist, verstärkt nur das innere Unbehagen. Mit Akzeptanz dagegen entsteht Raum, um bewusst und klar zu reagieren.

Schließlich gibt es die **absichtslose Wahrnehmung**, die oft auch als „offenes Gewahrsein" bezeichnet wird. Sie erinnert uns daran, dass Achtsamkeit kein Mittel zum Zweck ist. Wir üben sie nicht, um ein bestimmtes Ergebnis zu erzielen, sondern um das Leben so zu erleben, wie es gerade ist. Dieser absichtslose Ansatz hilft, Erwartungsdruck zu vermeiden und die Praxis mit Leichtigkeit anzugehen. Es gibt keinen „richtigen" Weg, achtsam zu sein – es geht einfach darum, wach und aufmerksam zu sein.

WIE DU HEUTE ANFANGEN KANNST

Der Beginn einer Achtsamkeitspraxis muss nicht kompliziert sein. Du brauchst keine spezielle Ausrüstung, keinen besonderen Ort und nicht einmal viel Zeit. Alles, was Du brauchst, ist der Wille, innezuhalten und Deine Aufmerksamkeit bewusst auszurichten. Schon jetzt kannst Du beginnen, indem Du Dir einen Moment Zeit nimmst, um diesen Absatz wirklich zu lesen – Wort für Wort, ohne zu hetzen. Bemerke, wie sich das Lesen anfühlt. Das ist der erste Schritt zur Achtsamkeit.

Um den Einstieg zu erleichtern, ist es hilfreich, Dir kleine Zeitfenster in

Deinem Tag zu schaffen, in denen Du Dich ganz bewusst auf das Hier und Jetzt konzentrierst. Beginne zum Beispiel damit, morgens nach dem Aufwachen einen Moment lang Deinen Atem zu spüren. Du musst nichts daran ändern – einfach nur wahrnehmen, wie die Luft in Deinen Körper einströmt und wieder hinausfließt. Diese einfache Übung hilft, den Tag achtsam zu beginnen.

Auch im Laufe des Tages gibt es viele Gelegenheiten, Achtsamkeit zu üben. Beim Essen könntest Du versuchen, den Geschmack und die Textur jedes Bissens wirklich zu genießen, anstatt nebenbei auf Dein Handy zu schauen oder an Deine Aufgaben zu denken. Während eines Spaziergangs könntest Du Deine Schritte bewusst wahrnehmen, den Kontakt Deiner Füße mit dem Boden spüren und die Geräusche um Dich herum wahrnehmen. Achtsamkeit ist nicht an Meditation auf einem Kissen gebunden – sie kann Teil jeder alltäglichen Tätigkeit werden.

Am wichtigsten ist, dass Du Dir erlaubst, klein anzufangen. Es geht nicht darum, sofort eine perfekte Routine zu etablieren. Jeder Moment, in dem Du achtsam bist, zählt. Selbst wenn es nur eine Minute am Tag ist, legst Du damit den Grundstein für eine tiefere Praxis.

DIE 5-MINUTEN-METHODE

Eine der einfachsten und effektivsten Möglichkeiten, mit Achtsamkeit zu beginnen, ist die sogenannte 5-Minuten-Methode. Sie ist ideal für alle, die wenig Zeit haben oder sich von längeren Meditationssitzungen eingeschüchtert fühlen. Diese Methode besteht darin, sich nur fünf Minuten am Tag bewusst Zeit zu nehmen, um sich auf eine

Achtsamkeitsübung zu konzentrieren. Das Ziel ist es nicht, irgendetwas Bestimmtes zu erreichen, sondern einfach nur präsent zu sein.

Eine der grundlegendsten Übungen ist die Atembeobachtung. Setze Dich an einen ruhigen Ort, wo Du nicht gestört wirst, und schließe Deine Augen. Lenke Deine Aufmerksamkeit auf Deinen Atem. Spüre, wie die Luft durch Deine Nase einströmt und Deine Lungen füllt, bevor sie langsam wieder ausströmt. Wenn Dein Geist abschweift – und das wird er mit Sicherheit tun – bemerke es einfach und kehre sanft zum Atem zurück. Fünf Minuten reichen aus, um eine erste Verbindung zu Deiner inneren Ruhe herzustellen.

Alternativ kannst Du die 5-Minuten-Methode nutzen, um Deine Gedanken zu beobachten. Setze Dich bequem hin und lasse Deinen Geist frei wandern, ohne Dich in die Gedanken zu verstricken. Stelle Dir vor, Deine Gedanken seien wie Wolken, die am Himmel vorüberziehen. Du musst sie nicht festhalten oder verändern – beobachte sie einfach, während sie kommen und gehen. Diese Übung hilft Dir, eine neue Perspektive auf Deine mentale Aktivität zu gewinnen.

Eine weitere Möglichkeit ist achtsames Handeln. Wähle eine alltägliche Aktivität, wie das Trinken einer Tasse Tee oder das Waschen von Geschirr, und widme ihr fünf Minuten ungeteilter Aufmerksamkeit. Spüre das Gewicht der Tasse in Deiner Hand, nimm die Temperatur des Tees wahr, bemerke die Bewegungen Deiner Hand beim Abwaschen. Indem Du Dich vollständig auf die Handlung konzentrierst, trainierst Du Deine Fähigkeit, im Moment zu bleiben.

Die 5-Minuten-Methode ist ein kraftvolles Werkzeug, weil sie zeigt, dass Achtsamkeit auch in kleinen Schritten praktiziert werden kann. Du musst nicht stundenlang meditieren, um die Vorteile zu spüren – ein paar bewusste Minuten reichen aus, um den Grundstein für mehr Präsenz in Deinem Alltag zu legen.

KLEINE VERÄNDERUNGEN MIT GROSSER WIRKUNG

Achtsamkeit muss nicht Dein Leben radikal umkrempeln, um Wirkung zu zeigen. Oft sind es kleine, scheinbar unbedeutende Veränderungen, die den größten Unterschied machen. Der Schlüssel liegt darin, achtsame Momente gezielt in Deinen Alltag zu integrieren, ohne dass es sich wie eine zusätzliche Aufgabe anfühlt.

Eine der einfachsten Veränderungen ist es, regelmäßige Pausen einzulegen, um kurz innezuhalten und Deine Sinne zu aktivieren. Zum Beispiel könntest Du Dir angewöhnen, jedes Mal, wenn Du ein Glas Wasser trinkst, für einen Moment bewusst den Geschmack und die Temperatur wahrzunehmen. Oder Du nutzt die Zeit, während Du auf den Aufzug wartest, um Deinen Atem zu spüren und Deinen Körper bewusst wahrzunehmen.

Auch die Art und Weise, wie Du mit Deinem Smartphone umgehst, kann eine Gelegenheit für Achtsamkeit sein. Anstatt es automatisch zu greifen, sobald Du eine Benachrichtigung hörst, könntest Du Dir angewöhnen, tief durchzuatmen und Dich zu fragen: „Muss ich das jetzt sofort ansehen, oder kann es warten?" Diese kleinen Momente des Innehaltens können Dir helfen, bewusster mit Deiner Zeit und Energie umzugehen.

Ein weiterer Bereich, in dem kleine Veränderungen große Wirkung zeigen, ist der Umgang mit Gedanken. Wenn Du merkst, dass Dein Geist von negativen oder stressigen Gedanken dominiert wird, kannst Du Dir angewöhnen, eine achtsame Pause einzulegen. Stelle Dir vor, Deine Gedanken seien wie Blätter, die auf einem Bach treiben. Beobachte, wie sie kommen und gehen, ohne sie festzuhalten oder zu bewerten. Mit der Zeit wirst Du feststellen, dass Du nicht Deinen Gedanken ausgeliefert bist – Du kannst sie beobachten, ohne Dich von ihnen kontrollieren zu lassen.

Schließlich kannst Du Achtsamkeit nutzen, um die Qualität Deiner Beziehungen zu verbessern. Indem Du bei Gesprächen wirklich zuhörst, ohne parallel über Deine Antwort nachzudenken oder Dich ablenken zu lassen, schenkst Du Deinem Gegenüber Deine volle Präsenz. Diese kleine Veränderung kann dazu führen, dass sich Deine Verbindungen zu anderen Menschen vertiefen und echter werden.

Die Praxis der Achtsamkeit zeigt: Es sind nicht immer die großen Gesten, die das Leben verändern. Oft sind es die kleinen, bewussten Momente, die den größten Einfluss haben. Indem Du kleine Veränderungen in Deinen Alltag einbaust, schaffst Du die Grundlage für ein Leben mit mehr Ruhe, Klarheit und Präsenz.

KAPITEL VIER
ATMUNG ALS WERKZEUG DER ACHTSAMKEIT

DIE KRAFT DER BEWUSSTEN ATMUNG

Die Atmung ist ein faszinierendes Phänomen. Sie begleitet uns von der ersten Sekunde unseres Lebens bis zum letzten Augenblick, ohne dass wir ihr im Alltag viel Beachtung schenken. Doch die Atmung ist weitaus mehr als ein einfacher körperlicher Prozess – sie ist ein direkter Zugang zu unserem Inneren, ein mächtiges Werkzeug, um Körper und Geist miteinander zu verbinden und Stress abzubauen.

Im Zustand von Stress oder Anspannung wird unsere Atmung automatisch flach und unregelmäßig. Dieses unbewusste Muster signalisiert unserem Nervensystem, dass wir uns in einem Alarmzustand befinden, wodurch die Stressreaktion verstärkt wird. Bewusste Atmung jedoch kann diesen Kreislauf durchbrechen. Wenn Du langsam und tief atmest, schickst Du Deinem Gehirn die Botschaft, dass alles in Ordnung ist. Deine Herzfrequenz verlangsamt sich, die Muskeln entspannen sich, und das gesamte Nervensystem wird beruhigt.

Die Kraft der bewussten Atmung liegt in ihrer Unmittelbarkeit. Anders als viele andere Methoden zur Stressbewältigung erfordert die Atmung keine Vorbereitung oder äußeren Hilfsmittel – sie steht Dir jederzeit und überall zur Verfügung. Sie erlaubt Dir, einen Schritt aus dem Chaos des Alltags zurückzutreten und einen Ankerpunkt im gegenwärtigen Moment zu finden. Dabei handelt es sich nicht nur um eine kurzfristige Entspannungstechnik. Regelmäßige Atemübungen können langfristig Deine Resilienz stärken und Dich dabei unterstützen, selbst in herausfordernden Situationen zentriert zu bleiben.

Es gibt eine Weisheit, die besagt: „Dein Atem ist Dein Leben." Und tatsächlich erinnert uns die bewusste Atmung daran, dass wir in jedem Moment neu beginnen können – mit einem einzigen bewussten Atemzug.

EINFACHE ATEMÜBUNGEN

Um die transformative Wirkung der Atmung zu erleben, musst Du kein Experte sein. Bereits einfache Übungen können helfen, innere Ruhe zu fördern und den Geist zu klären. Hier sind einige grundlegende Techniken, die Du leicht in Deinen Alltag integrieren kannst.

Die **Zwerchfellatmung**, auch als Bauchatmung bekannt, ist eine der wirkungsvollsten Techniken, um Stress abzubauen. Setze oder lege Dich bequem hin und lege eine Hand auf Deinen Bauch. Atme tief durch die Nase ein und spüre, wie sich Dein Bauch hebt, während sich die Luft in Deinen unteren Lungenflügeln sammelt. Beim Ausatmen durch den Mund senkt sich Dein Bauch wieder. Wiederhole dies für einige Minuten und bemerke, wie sich Deine Atmung verlangsamt und Dein Körper entspannt.

Eine weitere beliebte Technik ist die **4-7-8-Methode**, die besonders hilfreich ist, wenn Du Dich angespannt fühlst oder Schwierigkeiten hast, einzuschlafen. Atme durch die Nase ein und zähle dabei bis vier. Halte dann den Atem für sieben Sekunden an und atme schließlich langsam durch den Mund aus, während Du bis acht zählst. Diese Methode hilft, das parasympathische Nervensystem zu aktivieren, das für Entspannung und Regeneration zuständig ist.

Eine besonders einfache, aber wirkungsvolle Übung ist das **achtsame Zählen der Atemzüge**. Setze Dich bequem hin und schließe die Augen. Atme ein und zähle innerlich „eins", dann atme aus und zähle „zwei". Fahre auf diese Weise bis zehn fort und beginne dann wieder von vorne. Falls Dein Geist abschweift, was ganz natürlich ist, bemerke es freundlich und kehre zum Zählen zurück. Diese Übung hilft Dir, Deine Aufmerksamkeit zu bündeln und den Geist zu beruhigen.

Eine letzte Übung, die sowohl entspannend als auch erdend wirkt, ist die **Wechselatmung** (Nadi Shodhana). Schließe mit Deinem rechten Daumen Dein rechtes Nasenloch und atme langsam durch das linke ein. Schließe dann mit dem Ringfinger das linke Nasenloch und öffne das rechte, um auszuatmen. Wiederhole diesen Wechsel für einige Minuten. Diese Übung balanciert die Energien im Körper und fördert ein Gefühl der Harmonie.

Es spielt keine Rolle, welche Technik Du wählst – jede dieser Übungen bietet Dir die Möglichkeit, bewusster mit Deinem Atem und damit auch mit Deinem Geist und Körper in Kontakt zu treten.

WANN UND WO ATEMTECHNIKEN ANGEWENDET WERDEN KÖNNEN

Die Schönheit der Atemtechniken liegt darin, dass sie überall und jederzeit praktiziert werden können. Sie sind flexibel, diskret und benötigen keinerlei Hilfsmittel. Es gibt keine perfekte Zeit oder den perfekten Ort – der richtige Moment ist immer jetzt.

In Alltagssituationen, die oft stressig sind, wie der Weg zur Arbeit, kannst Du Atemübungen nutzen, um einen ruhigen Start in den Tag zu finden. Wenn Du zum Beispiel in einem überfüllten Zug stehst oder im Stau steckst, könntest Du die Zwerchfellatmung anwenden, um Anspannung abzubauen. Der bewusste Fokus auf Deinen Atem hilft Dir, in solchen Momenten die Ruhe zu bewahren und die äußeren Umstände loszulassen.

Auch während der Arbeit können Atemtechniken wertvolle Begleiter sein. Vielleicht hast Du gerade ein schwieriges Meeting hinter Dir oder stehst vor einer herausfordernden Aufgabe. Eine kurze Atemübung, wie das achtsame Zählen der Atemzüge, kann Dir helfen, wieder klaren Fokus zu finden. Selbst nur wenige tiefe Atemzüge zwischendurch können einen großen Unterschied machen und verhindern, dass sich Stress im Laufe des Tages anstaut.

In schwierigen emotionalen Momenten, wie bei Streitgesprächen oder belastenden Nachrichten, kann die bewusste Atmung ebenfalls ein Rettungsanker sein. Sie schenkt Dir einen Moment der Besinnung, bevor Du impulsiv reagierst, und hilft Dir, bewusst und klar zu handeln.

Nicht zuletzt ist die bewusste Atmung ein idealer Begleiter in der Abendroutine. Sie kann Dir helfen, die Anspannungen des Tages loszulassen und Dich auf den Schlaf vorzubereiten. Die 4-7-8-Methode ist hier besonders wirksam, da sie den Körper in einen Zustand tiefer Entspannung versetzt.

Egal, ob Du morgens, tagsüber oder abends atmest – wichtig ist, dass Du Dir erlaubst, innezuhalten und den Atem als ständigen Begleiter zu nutzen, um einen Moment der Ruhe zu finden.

HÄUFIGE FEHLER VERMEIDEN

Wie bei jeder Praxis gibt es auch bei Atemübungen einige Fallstricke, die es zu vermeiden gilt. Einer der häufigsten Fehler ist der Versuch, die Atmung zu erzwingen oder zu kontrollieren. Manchmal kann es verlockend sein, tiefere oder schnellere Atemzüge zu nehmen, um schneller Ergebnisse zu erzielen. Doch Achtsamkeit in der Atmung bedeutet Loslassen, nicht Kontrolle. Dein Atem sollte natürlich und entspannt bleiben.

Ein weiterer häufiger Fehler ist der Erwartungsdruck. Manche Menschen erwarten, dass sie sich sofort nach einer Atemübung entspannter oder gelassener fühlen müssen. Wenn dies nicht eintritt, können Frustration oder Selbstzweifel entstehen. Doch Achtsamkeit ist keine Leistung, die es zu erbringen gilt. Es geht nicht darum, ein bestimmtes Ergebnis zu erreichen, sondern um das achtsame Wahrnehmen dessen, was gerade ist – auch wenn das bedeutet, dass

Deine Atmung sich nicht sofort verändert oder Dein Geist unruhig bleibt.

Ein dritter Fehler ist die Unregelmäßigkeit der Praxis. Atemübungen entfalten ihre tiefgreifende Wirkung erst, wenn sie regelmäßig angewendet werden. Viele Menschen beginnen motiviert, vergessen aber im Laufe der Zeit, die Übungen in ihren Alltag zu integrieren. Die Lösung ist, Atemtechniken mit bestehenden Gewohnheiten zu verknüpfen, zum Beispiel während des morgendlichen Kaffees oder vor dem Schlafengehen.

Schließlich gibt es den Fehler der Selbstkritik. Es ist völlig normal, dass Dein Geist abschweift oder sich die Atmung nicht immer angenehm anfühlt. Achtsamkeit bedeutet, sich selbst mit Freundlichkeit zu begegnen, unabhängig davon, wie die Übung verläuft. Anstatt Dich zu kritisieren, kannst Du diesen Moment nutzen, um Akzeptanz und Mitgefühl für Dich selbst zu üben.

Die bewusste Atmung ist ein einfacher, aber tiefgreifender Weg, um Stress abzubauen und Achtsamkeit zu kultivieren. Indem Du die häufigsten Fehler vermeidest und mit Geduld und Offenheit übst, kannst Du dieses Werkzeug in eine kraftvolle Praxis verwandeln, die Dir in jeder Lebenslage zur Seite steht.

KAPITEL FÜNF
ACHTSAMKEIT IM ALLTAG INTEGRIEREN

WIE MAN ROUTINEAUFGABEN IN ACHTSAMKEITSÜBUNGEN VERWANDELT

Der Alltag ist voller scheinbar banaler Aufgaben, die wir oft gedankenlos erledigen. Doch genau diese Routinetätigkeiten bieten eine perfekte Gelegenheit, Achtsamkeit in Dein Leben zu integrieren. Ob es das Spülen des Geschirrs, das Zähneputzen oder das Falten der Wäsche ist – diese Momente, die wir normalerweise beiläufig und mechanisch ausführen, können zu kleinen Inseln der Präsenz werden, wenn wir sie bewusst wahrnehmen.

Beginnen wir mit dem Geschirrspülen. Anstatt es als lästige Pflicht zu sehen, kannst Du diese Aufgabe nutzen, um Deine Sinne zu aktivieren. Spüre das warme Wasser auf Deinen Händen, nimm den Geruch des Spülmittels wahr und höre das leise Plätschern des Wassers. Beobachte, wie sich die Oberfläche eines schmutzigen Tellers verändert, während Du ihn reinigst. Wenn Dein Geist abschweift und Gedanken über

Arbeit oder Verpflichtungen auftauchen, bringe Deine Aufmerksamkeit sanft zurück zu dem, was Du gerade tust. Auf diese Weise wird das Spülen von Geschirr zu einer meditativen Praxis, die Dir hilft, den Moment zu genießen, statt ihn gedanklich zu überspringen.

Auch das Zähneputzen, etwas, das wir oft in Eile erledigen, kann ein Moment der Achtsamkeit sein. Spüre die Borsten der Zahnbürste auf Deinem Zahnfleisch, nimm den Geschmack der Zahnpasta wahr und achte auf die Bewegungen Deiner Hand. Anstatt gleichzeitig an den kommenden Tag zu denken, bleibe mit Deiner Aufmerksamkeit ganz bei dieser alltäglichen Handlung. Diese kleinen Momente der Präsenz helfen Dir, den Tag ruhiger und bewusster zu beginnen oder zu beenden.

Selbst das Essen bietet eine wunderbare Möglichkeit, achtsam zu sein. Nimm Dir die Zeit, den Geschmack, die Textur und den Geruch Deiner Mahlzeit wirklich zu genießen. Achte darauf, wie sich das Essen in Deinem Mund anfühlt, und kaue bewusst, anstatt schnell zu essen, während Du auf Dein Handy schaust. Indem Du Routineaufgaben mit Achtsamkeit erfüllst, bringst Du mehr Qualität und Tiefe in Deinen Alltag.

MULTITASKING VS. ACHTSAMKEIT

Multitasking wird oft als Zeichen von Produktivität gefeiert, doch die Realität sieht anders aus: Studien zeigen, dass unser Gehirn nicht dazu gemacht ist, mehrere komplexe Aufgaben gleichzeitig auszuführen. Stattdessen wechseln wir ständig unsere Aufmerksamkeit von einer Sache zur anderen, was unsere Effizienz mindert und Stress verstärkt.

Multitasking ist der Feind der Achtsamkeit, denn es lenkt uns vom gegenwärtigen Moment ab und führt dazu, dass wir weder die eine noch die andere Aufgabe wirklich bewusst erleben.

Achtsamkeit hingegen fordert uns dazu auf, uns auf eine einzige Aufgabe zu konzentrieren und diese mit voller Aufmerksamkeit auszuführen. Wenn Du zum Beispiel eine E-Mail schreibst, dann schreibe nur diese E-Mail, anstatt gleichzeitig auf Nachrichten zu antworten oder durch soziale Medien zu scrollen. Indem Du Deine Aufmerksamkeit bündelst, erledigst Du die Aufgabe nicht nur schneller, sondern auch mit höherer Qualität – und fühlst Dich dabei weniger gehetzt.

Ein einfacher Weg, um die Vorteile von Achtsamkeit im Gegensatz zu Multitasking zu erleben, ist der Fokus auf Übergänge. Statt hektisch von einer Aufgabe zur nächsten zu springen, nimm Dir einen Moment Zeit, um innezuhalten, bevor Du die nächste Aktivität beginnst. Atme bewusst ein und aus und richte Deine Aufmerksamkeit auf das, was jetzt kommt. Dieser kurze Moment der Klarheit kann helfen, Deine Energie neu auszurichten und den Übergang achtsamer zu gestalten.

Multitasking führt oft dazu, dass wir uns von Ablenkungen überwältigt fühlen. Achtsamkeit hingegen stärkt Deinen Fokus und gibt Dir das Gefühl, die Kontrolle über Deine Zeit und Aufmerksamkeit zurückzugewinnen. Probiere es aus, indem Du Dich bewusst auf eine Aufgabe nach der anderen konzentrierst – und bemerke, wie viel erfüllter und weniger gestresst Du Dich dabei fühlst.

STRATEGIEN FÜR ACHTSAMKEIT WÄHREND DER ARBEIT

Die Arbeit ist für viele Menschen eine der größten Stressquellen im Leben. Doch auch hier kann Achtsamkeit eine entscheidende Rolle spielen, um Ruhe und Klarheit in den Arbeitsalltag zu bringen. Es geht nicht darum, alle Herausforderungen zu beseitigen, sondern darum, bewusster mit ihnen umzugehen. Mit ein paar einfachen Strategien kannst Du Achtsamkeit auch in einen hektischen Arbeitstag integrieren.

Beginne Deinen Tag mit einem achtsamen Check-in. Bevor Du Deine E-Mails öffnest oder mit den ersten Aufgaben beginnst, nimm Dir ein paar Minuten Zeit, um Dich zu zentrieren. Setze Dich an Deinen Schreibtisch, schließe die Augen und atme ein paar Mal tief durch. Frage Dich: „Wie fühle ich mich heute?" und „Was ist meine Priorität für diesen Tag?" Dieser Moment der Reflexion hilft Dir, den Tag klar und fokussiert zu beginnen, statt Dich von der Hektik überrollen zu lassen.

Während des Arbeitstags können bewusste Pausen ein mächtiges Werkzeug sein. Es ist verlockend, die Mittagspause am Computer zu verbringen oder sie ganz ausfallen zu lassen. Doch selbst ein paar Minuten abseits des Bildschirms können Wunder wirken. Geh ein paar Schritte, strecke Dich oder mache eine kurze Atemübung. Diese kleinen Unterbrechungen laden Deinen Geist wieder auf und verbessern Deine Konzentration.

Eine weitere Strategie ist das achtsame Planen. Anstatt Deine To-Do-Liste endlos zu erweitern, konzentriere Dich auf die wichtigsten Aufgaben des Tages. Überlege Dir, welche Aufgaben wirklich Priorität haben, und widme ihnen Deine volle Aufmerksamkeit. Multitasking sollte vermieden werden – widme Dich einer Aufgabe nach der anderen, und sei vollständig präsent, während Du sie ausführst.

Schließlich kannst Du Achtsamkeit auch in Meetings oder schwierigen Gesprächen anwenden. Höre wirklich zu, was andere sagen, ohne währenddessen an Deine Antwort zu denken. Spüre Deine Atmung, wenn Du nervös wirst, und erinnere Dich daran, dass Du Zeit hast, Deine Gedanken zu formulieren. Achtsames Zuhören und Sprechen verbessert nicht nur die Qualität Deiner Kommunikation, sondern reduziert auch die Anspannung in zwischenmenschlichen Interaktionen.

ACHTSAMKEIT WÄHREND DER TÄGLICHEN PENDELZEIT

Für viele Menschen ist die Pendelzeit ein unvermeidbarer Teil des Tages. Ob im Auto, im Zug oder zu Fuß – diese Zeit wird oft als notwendiges Übel gesehen, das es zu überstehen gilt. Doch auch hier bietet sich die Möglichkeit, Achtsamkeit zu praktizieren und diese Momente bewusst zu nutzen, anstatt sie als verlorene Zeit zu betrachten.

Wenn Du mit dem Auto unterwegs bist, kannst Du versuchen, achtsam zu fahren. Anstatt Dich über den Verkehr zu ärgern oder ständig die Uhr im Blick zu behalten, konzentriere Dich auf die Empfindungen des Fahrens. Spüre das Lenkrad in Deinen Händen, bemerke den Rhythmus Deiner Atmung und achte bewusst auf die Umgebung. Das Tempo des Verkehrs kannst Du vielleicht nicht beeinflussen, aber wie Du darauf reagierst, liegt in Deiner Hand.

Wenn Du öffentliche Verkehrsmittel nutzt, könntest Du die Zeit für eine Atemübung oder eine kurze Meditation nutzen. Setze Dich bequem hin, wenn möglich, und schließe die Augen. Spüre, wie der Zug oder Bus sich bewegt, und verbinde Dich mit Deinem Atem. Alternativ kannst Du die Umgebung achtsam wahrnehmen: die Geräusche, die Farben, die Menschen um Dich herum. Anstatt Dich von Gedanken an den bevorstehenden Tag mitreißen zu lassen, kehre immer wieder in den Moment zurück.

Für diejenigen, die zu Fuß pendeln, ist ein achtsamer Spaziergang eine wunderbare Möglichkeit, den Tag ruhig und präsent zu beginnen. Spüre den Kontakt Deiner Füße mit dem Boden, achte auf die Geräusche der Natur oder der Stadt, und nimm die Bewegung Deines Körpers wahr. Ein achtsamer Spaziergang ist nicht nur erdend, sondern auch eine Möglichkeit, die Welt mit neuen Augen zu sehen – selbst auf einer vertrauten Route.

Die Pendelzeit mag auf den ersten Blick wie ein notwendiges Übel erscheinen, doch sie kann auch eine Chance sein, Achtsamkeit in Deinen Alltag zu integrieren. Indem Du diese Momente bewusst gestaltest, verwandelst Du eine Routineaufgabe in eine Quelle der Ruhe und Klarheit.

KAPITEL SECHS
UMGANG MIT EMOTIONEN DURCH ACHTSAMKEIT

WARUM EMOTIONEN OFT STRESS AUSLÖSEN

Emotionen sind ein zentraler Bestandteil unseres Lebens. Sie können uns beflügeln, inspirieren und verbinden, aber sie haben auch die Kraft, Stress auszulösen und uns aus der Balance zu bringen. Warum aber reagieren wir oft so intensiv auf bestimmte Gefühle? Der Grund liegt in der engen Verbindung zwischen unseren Emotionen, unseren Gedanken und unserem Körper.

Wenn Du zum Beispiel Wut verspürst, aktiviert Dein Gehirn automatisch eine Stressreaktion. Deine Herzfrequenz steigt, die Muskeln spannen sich an, und Dein Geist sucht nach einer Möglichkeit, auf die Ursache der Wut zu reagieren. Dieses Zusammenspiel ist evolutionsbiologisch tief in uns verankert: Gefühle wie Angst oder Ärger sollten unseren Vorfahren helfen, Gefahren zu erkennen und schnell darauf zu reagieren. Doch in der modernen Welt sind die meisten dieser Auslöser nicht lebensbedrohlich – ein kritischer

Kommentar eines Kollegen oder eine vergessene Aufgabe reicht oft aus, um starke emotionale Reaktionen hervorzurufen.

Hinzu kommt, dass viele von uns unbewusste emotionale Muster entwickelt haben. Vielleicht wurdest Du in der Vergangenheit oft kritisiert, und jetzt löst jede Form von Kritik automatisch Scham oder Verteidigungshaltung aus. Solche Muster, die tief in unserem Unterbewusstsein verankert sind, machen es schwer, bewusst auf Gefühle zu reagieren, anstatt impulsiv zu handeln.

Ein weiterer Faktor ist der Widerstand gegen unangenehme Emotionen. Wir neigen dazu, Gefühle wie Angst, Trauer oder Wut zu vermeiden oder zu unterdrücken, weil sie unangenehm sind. Doch dieser Widerstand verschärft oft das Problem. Die Emotionen bleiben bestehen, finden vielleicht andere Wege, sich auszudrücken – zum Beispiel durch körperliche Spannungen oder negative Gedankenspiralen – und werden mit der Zeit noch belastender.

Achtsamkeit kann hier eine entscheidende Wende bringen. Anstatt vor Emotionen davonzulaufen oder sie zu bekämpfen, lehrt sie uns, sie zu erkennen, zu akzept

ieren und bewusst mit ihnen umzugehen. Der Schlüssel liegt darin, die Emotionen als vorübergehende Ereignisse zu betrachten, anstatt sie als dauerhaften Zustand oder als Bedrohung wahrzunehmen.

WIE ACHTSAMKEIT HILFT, GEFÜHLE ZU ERKENNEN UND ZU REGULIEREN

Emotionen bewusst wahrzunehmen ist eine Fähigkeit, die trainiert werden kann – und Achtsamkeit ist eines der effektivsten Werkzeuge dafür. Häufig reagieren wir auf Gefühle automatisch, ohne uns ihrer überhaupt bewusst zu sein. Wir fühlen Wut, bevor wir überhaupt merken, was sie ausgelöst hat, oder wir spüren Unruhe, ohne die zugrunde liegende Angst zu erkennen. Achtsamkeit lädt Dich dazu ein, innezuhalten und genau hinzuschauen: *Was fühle ich gerade? Wo im Körper spüre ich dieses Gefühl? Welche Gedanken gehen damit einher?*

Ein achtsamer Umgang mit Emotionen beginnt mit dem Beobachten ohne Bewertung. Nimm das Gefühl wahr, ohne es in „gut" oder „schlecht" einzuteilen. Statt zu sagen: „Ich sollte nicht so ängstlich sein", könntest Du Dir sagen: „Da ist Angst. Ich spüre sie als Druck in meiner Brust." Indem Du das Gefühl benennst und seine körperlichen Empfindungen beschreibst, schaffst Du eine Distanz, die es Dir ermöglicht, bewusst zu handeln, statt impulsiv zu reagieren.

Ein weiterer Schritt ist die Akzeptanz. Achtsamkeit ermutigt Dich, jedes Gefühl willkommen zu heißen, auch die schwierigen. Akzeptanz bedeutet nicht, dass Du das Gefühl gutheißen musst. Es bedeutet lediglich, dass Du es als das anerkennst, was es ist: eine vorübergehende Reaktion auf Deine Umstände. Diese Haltung der Akzeptanz hilft, den Widerstand aufzugeben, der die Emotion oft verstärkt.

Wenn Du Deine Gefühle achtsam beobachtest, wirst Du auch bemerken, dass sie nicht dauerhaft sind. Emotionen kommen und gehen, wie Wellen im Meer. Vielleicht spürst Du Wut, die erst intensiver wird, dann aber langsam abklingt. Achtsamkeit erinnert Dich daran, dass Du nicht Deine Emotion bist – Du bist der Beobachter dieser Emotion, und das gibt Dir die Freiheit, bewusst zu entscheiden, wie Du reagieren möchtest.

Diese Praxis der achtsamen Selbstbeobachtung stärkt Deine emotionale Intelligenz und Deine Fähigkeit zur Selbstregulation. Mit der Zeit wirst Du bemerken, dass Du gelassener und bewusster auf emotionale Herausforderungen reagieren kannst.

EINFACHE ÜBUNGEN FÜR DEN UMGANG MIT SCHWIERIGEN EMOTIONEN

Es gibt zahlreiche Übungen, die Dir helfen können, schwierige Emotionen mit Achtsamkeit zu begegnen. Eine besonders hilfreiche Methode ist die sogenannte **STOP-Praxis**:

- **S** – Stoppe: Halte inne, sobald Du merkst, dass eine starke Emotion aufsteigt.
- **T** – Tief atmen: Atme ein paar Mal bewusst ein und aus, um Dich zu zentrieren.
- **O** – Beobachten: Frage Dich, welche Emotion Du gerade fühlst, wo sie im Körper spürbar ist und welche Gedanken damit verbunden sind.
- **P** – Proceed: Fahre mit der Situation fort, aber tue dies bewusst und mit Bedacht.

Diese kurze Übung kann in jedem Moment angewendet werden – ob in einem hitzigen Gespräch oder bei einem plötzlichen Gefühl von Überforderung.

Eine weitere hilfreiche Technik ist das **Gefühle-Journaling**. Nimm Dir ein Notizbuch und schreibe regelmäßig auf, welche Emotionen Du spürst. Benenne die Gefühle, beschreibe ihre körperlichen Empfindungen und reflektiere darüber, was sie möglicherweise ausgelöst hat. Das Schreiben hilft Dir, Deine Emotionen besser zu verstehen und sie auf gesunde Weise zu verarbeiten.

Auch Visualisierungsübungen können unterstützend wirken. Stell Dir schwierige Emotionen als Wolken am Himmel vor, die kommen und gehen, oder als Wellen, die an den Strand schlagen und sich dann zurückziehen. Diese Bilder helfen, die emotionale Erfahrung zu relativieren und nicht zu sehr in ihr gefangen zu sein.

Schließlich kann die bewusste Atmung eine starke Hilfe sein. Wenn Du merkst, dass eine Emotion Deinen Körper aktiviert – zum Beispiel durch beschleunigten Herzschlag oder Anspannung – atme langsam und tief. Die 4-7-8-Methode oder einfache Zwerchfellatmung können dabei helfen, das Nervensystem zu beruhigen und die Intensität der Emotion zu reduzieren.

DAS KONZEPT DER SELBSTMITGEFÜHL

Ein häufig übersehener Aspekt im Umgang mit schwierigen Emotionen ist das **Selbstmitgefühl**. Viel zu oft gehen wir hart mit uns selbst ins Gericht, wenn wir intensive Gefühle erleben. Wir sagen uns Dinge wie: „Ich sollte nicht so empfindlich sein" oder „Warum kriege ich das nicht unter Kontrolle?" Dieser innere Kritiker verstärkt den Stress und das Unbehagen, anstatt uns zu helfen.

Selbstmitgefühl bedeutet, sich selbst mit derselben Freundlichkeit und Wärme zu begegnen, die Du einem guten Freund in schwierigen Zeiten entgegenbringen würdest. Es beinhaltet drei zentrale Elemente:

- **Achtsamkeit**: Das bewusste Wahrnehmen Deiner Emotionen, ohne sie zu unterdrücken oder zu ignorieren.

- **Gemeinsame Menschlichkeit**: Die Erinnerung daran, dass jeder Mensch schwierige Emotionen erlebt und dass es ein Teil des Menschseins ist. Du bist nicht allein.
- **Freundlichkeit mit Dir selbst**: Sanfte und ermutigende Worte an Dich selbst richten, statt Dich zu kritisieren.

Wenn Du zum Beispiel Trauer empfindest, könntest Du innerlich sagen: „Das ist ein schwieriger Moment, und es ist in Ordnung, dass ich mich so fühle. Jeder Mensch fühlt sich manchmal traurig. Ich werde mir jetzt die Zeit nehmen, mich selbst zu unterstützen."

Selbstmitgefühl kann durch einfache Übungen kultiviert werden. Eine davon ist die Selbstumarmung. Wenn Du Dich überwältigt fühlst, lege Deine Arme um Deinen Oberkörper, als würdest Du Dich selbst umarmen. Spüre die Wärme und Sicherheit dieser Geste und sage Dir innerlich: „Ich bin für mich da."

Auch Affirmationen können kraftvoll sein, um Selbstmitgefühl zu stärken. Wiederhole Sätze wie: „Ich verdiene es, liebevoll mit mir umzugehen" oder „Ich gebe mir selbst die Erlaubnis, meine Gefühle anzunehmen."

Mit der Zeit wird Selbstmitgefühl zu einem Anker, der Dir hilft, auch in stürmischen emotionalen Momenten Halt und Trost zu finden. Es erinnert Dich daran, dass Du in Ordnung bist, so wie Du bist, und dass schwierige Emotionen keine Schwäche, sondern ein Teil der menschlichen Erfahrung sind.

Dieses Kapitel hat gezeigt, wie Achtsamkeit Dir helfen kann, einen gesunden und bewussten Umgang mit Emotionen zu entwickeln.

Indem Du lernst, Gefühle zu erkennen, zu akzeptieren und mit Mitgefühl zu begegnen, kannst Du emotionalen Stress abbauen und ein tieferes Verständnis für Dich selbst entwickeln. In der Praxis der Achtsamkeit liegt die Möglichkeit, nicht nur Deine Reaktionen zu transformieren, sondern auch eine neue, freundlichere Beziehung zu Deinen Emotionen aufzubauen.

KAPITEL SIEBEN
ACHTSAMKEIT UND KÖRPERLICHE ENTSPANNUNG

DIE VERBINDUNG ZWISCHEN KÖRPER UND GEIST

Unser Körper und Geist sind untrennbar miteinander verbunden. Emotionale Zustände spiegeln sich oft im Körper wider: Stress führt zu Muskelverspannungen, Angst zu flacher Atmung, und Wut kann einen beschleunigten Herzschlag auslösen. Gleichzeitig beeinflusst unser körperlicher Zustand auch unseren Geist – ein angespannter Körper kann negative Gedanken und Unruhe verstärken, während ein entspannter Körper den Geist beruhigen kann.

Diese enge Verbindung macht deutlich, warum Achtsamkeit nicht nur eine mentale Praxis ist, sondern auch den Körper einschließt. Oft übersehen wir die Signale, die unser Körper uns sendet, und nehmen erst dann Notiz davon, wenn sich Schmerzen oder Müdigkeit bemerkbar machen. Doch der Körper kann uns wertvolle Hinweise darauf geben, wie es uns geht, und uns helfen, stressige Zustände frühzeitig zu erkennen.

Achtsamkeit lehrt uns, diese Verbindung bewusster wahrzunehmen und sie zu nutzen, um Wohlbefinden zu fördern. Wenn Du zum Beispiel bemerkst, dass Deine Schultern angespannt sind, kannst Du innehalten und Dich fragen: „Was hat diese Spannung ausgelöst? Bin ich gerade gestresst?" Allein das Bewusstsein für diese Verbindung kann Dir helfen, besser auf Dich selbst zu achten.

Durch achtsame Übungen, die den Körper einbeziehen, kannst Du diese Verbindung stärken. Indem Du Deinen Körper bewusst entspannst, schaffst Du auch im Geist mehr Raum und Ruhe. Dies führt nicht nur zu einem Zustand größerer Gelassenheit, sondern verbessert auch Dein allgemeines Wohlbefinden.

PROGRESSIVE MUSKELENTSPANNUNG UND ACHTSAMKEIT

Eine bewährte Methode, um körperliche Spannungen abzubauen und gleichzeitig die Achtsamkeit zu schulen, ist die progressive Muskelentspannung (PME). Diese Technik wurde in den 1920er Jahren von Edmund Jacobson entwickelt und basiert auf der bewussten An- und Entspannung verschiedener Muskelgruppen. Sie hilft, die Verbindung zwischen Körper und Geist zu stärken und Anspannung loszulassen.

Die Methode ist einfach, aber äußerst effektiv: Du spannst nacheinander einzelne Muskelgruppen bewusst an, hältst die Anspannung für einige Sekunden und lässt dann vollständig los. Dabei richtest Du Deine Aufmerksamkeit auf das Gefühl der Entspannung, das sich in den Muskeln ausbreitet.

Beginnen kannst Du beispielsweise mit den Füßen. Spanne die Muskeln in Deinen Zehen und Fußsohlen fest an, halte die Spannung für fünf Sekunden und lasse dann los. Spüre, wie sich die Muskeln nachgeben und sich ein Gefühl von Wärme oder Leichtigkeit ausbreitet. Fahre auf diese Weise durch Deinen gesamten Körper – von den Beinen über den Bauch, die Arme und Schultern bis hin zum Gesicht.

Die progressive Muskelentspannung wirkt auf zweifache Weise: Einerseits baut sie akute körperliche Anspannung ab, was direkt zu einer spürbaren Entspannung führt. Andererseits schult sie Deine Achtsamkeit, indem sie Dich lehrt, die feinen Unterschiede zwischen Anspannung und Entspannung wahrzunehmen. Mit der Zeit wirst Du sensibler für körperliche Stresssymptome und kannst schneller darauf reagieren.

Ein besonderer Vorteil dieser Technik ist, dass sie nahezu überall durchgeführt werden kann – ob zu Hause, am Arbeitsplatz oder vor dem Schlafengehen. Sie erfordert keine Vorkenntnisse und ist sowohl für Anfänger als auch für erfahrene Achtsamkeitspraktizierende geeignet.

DEHNÜBUNGEN UND YOGA FÜR ANFÄNGER

Ein weiterer kraftvoller Ansatz, um Achtsamkeit mit körperlicher Entspannung zu verbinden, sind sanfte Dehnübungen und Yoga. Diese Praktiken beruhigen nicht nur den Geist, sondern lösen auch Verspannungen im Körper, verbessern die Durchblutung und fördern die Beweglichkeit.

Dehnübungen sind ein idealer Einstieg, insbesondere für Menschen, die noch keine Erfahrung mit Yoga haben. Beginne zum Beispiel mit einer einfachen Übung wie der „Katzen-Kuh-Bewegung". Gehe in den Vierfüßlerstand, atme ein und wölbe Deinen Rücken leicht nach unten, während Du Deinen Kopf hebst. Atme aus, runde Deinen Rücken und ziehe das Kinn Richtung Brust. Wiederhole diese Bewegung einige Male in Deinem eigenen Atemrhythmus und spüre, wie Dein Rücken und Nacken sanft gedehnt werden.

Für eine intensive Verbindung von Atem, Bewegung und Achtsamkeit bietet sich Yoga an. Anders als viele denken, geht es beim Yoga nicht um sportliche Höchstleistungen oder akrobatische Posen, sondern darum, den Körper achtsam zu bewegen und die Verbindung zum Atem zu stärken. Selbst einfache Übungen wie der „herabschauende Hund" oder die „Kindhaltung" können helfen, Spannungen zu lösen und den Geist zu beruhigen.

Der Schlüssel liegt darin, jede Bewegung bewusst und ohne Eile auszuführen. Spüre, wie Dein Körper sich dehnt und bewegt, und achte darauf, nicht über Deine Grenzen hinauszugehen. Yoga ist keine Wettkampfpraxis – es geht darum, im Moment zu sein und Deinem Körper das zu geben, was er gerade braucht.

Wenn Du neu im Yoga bist, kannst Du mit kurzen Einheiten beginnen, die nur fünf oder zehn Minuten dauern. Du könntest Dir auch geführte Anleitungen oder Videos für Anfänger ansehen, um einen sanften Einstieg zu finden. Mit der Zeit wirst Du merken, wie diese Praxis nicht nur Deinen Körper, sondern auch Deinen Geist stärkt.

WIE MAN STRESS IM KÖRPER ERKENNT UND LÖST

Stress manifestiert sich oft zuerst im Körper, bevor wir ihn überhaupt bewusst wahrnehmen. Vielleicht spürst Du eine Verspannung im Nacken, einen Knoten im Bauch oder eine leichte Erschöpfung, ohne sofort den Zusammenhang zu erkennen. Der Körper ist wie ein Barometer, das uns zeigt, wie es um unsere innere Balance steht. Deshalb ist es so wichtig, auf die Signale des Körpers zu achten und frühzeitig Maßnahmen zu ergreifen, um Stress abzubauen.

Eine wirkungsvolle Methode, um Stress im Körper zu erkennen, ist der **achtsame Körperscan**. Diese Übung besteht darin, Deine Aufmerksamkeit nacheinander durch verschiedene Körperbereiche zu lenken, von den Zehen bis zum Kopf. Setze oder lege Dich an einen ruhigen Ort, schließe die Augen und beginne, die Empfindungen in Deinen Füßen wahrzunehmen. Wandere langsam durch Deinen Körper und beobachte, ob es Bereiche gibt, die sich angespannt, schwer oder unangenehm anfühlen. Ziel ist es nicht, etwas zu ändern, sondern diese Empfindungen einfach wahrzunehmen und anzunehmen.

Der Körperscan hilft nicht nur dabei, Stresssymptome zu erkennen, sondern kann auch eine tiefgreifende Entspannung fördern. Allein die bewusste Aufmerksamkeit, die Du Deinem Körper schenkst, kann dazu führen, dass Spannungen nachlassen und sich ein Gefühl von Leichtigkeit einstellt.

Ein weiterer Ansatz ist die bewusste Wahrnehmung von sogenannten **Stresspunkten**. Dies sind Bereiche im Körper, die besonders empfindlich auf Stress reagieren, wie der Nacken, die Schultern oder der Kiefer. Wenn Du merkst, dass sich Spannung in einem dieser Bereiche aufbaut, kannst Du gezielt mit sanften Bewegungen oder

Massagen entgegenwirken. Zum Beispiel könntest Du Deine Schultern langsam kreisen lassen oder Deine Kiefermuskulatur bewusst entspannen, indem Du den Mund leicht öffnest und die Zähne voneinander löst.

Auch bewusste Dehnung kann helfen, Stresspunkte zu lösen. Stell Dir vor, Du hättest den ganzen Tag vor dem Computer gesessen und spürst eine Verspannung in Deinem Rücken. Eine einfache Vorwärtsbeuge, bei der Du Deine Hände zu den Zehen sinken lässt, kann dabei helfen, die Rückenmuskulatur zu dehnen und die Anspannung loszulassen.

Indem Du regelmäßig auf die Signale Deines Körpers hörst und achtsam mit ihnen umgehst, kannst Du nicht nur Stresssymptome schneller erkennen, sondern auch präventiv dafür sorgen, dass sich der Stress nicht festsetzt. Dein Körper ist Dein Partner – er zeigt Dir, wo Du hingucken und Dich um Dich selbst kümmern solltest.

Dieses Kapitel hat Dich eingeladen, die Verbindung zwischen Körper und Geist bewusster wahrzunehmen und mit gezielten Übungen für körperliche Entspannung zu sorgen. Indem Du progressive Muskelentspannung, Yoga und andere Techniken in Deinen Alltag integrierst, kannst Du Stress abbauen und eine tiefere Balance finden. Dein Körper ist ein mächtiges Werkzeug, das Dir dabei helfen kann, ein achtsames und entspanntes Leben zu führen – Du musst nur lernen, ihm zuzuhören.

KAPITEL ACHT
ACHTSAMKEIT BEI DER ARBEIT

WIE ACHTSAMKEIT DIE PRODUKTIVITÄT STEIGERT

Die moderne Arbeitswelt ist geprägt von Tempo, Druck und hohen Erwartungen. Oft fühlen wir uns, als müssten wir immer mehr leisten, in kürzerer Zeit und mit weniger Ressourcen. Doch während viele glauben, dass Erfolg und Produktivität nur durch unermüdliches Arbeiten erreicht werden können, zeigt die Praxis der Achtsamkeit einen anderen Weg: bewusstes Innehalten, klares Fokussieren und gezielte Entscheidungen.

Achtsamkeit steigert die Produktivität nicht dadurch, dass Du „mehr tust", sondern indem sie Dich dazu bringt, bewusster und effektiver zu handeln. Anstatt ständig zwischen Aufgaben hin- und herzuspringen, hilft Dir Achtsamkeit, Dich auf eine Sache nach der anderen zu konzentrieren. Diese Praxis wird oft als „Single-Tasking" bezeichnet, das Gegenteil von Multitasking. Wenn Du achtsam arbeitest, kannst

Du eine Aufgabe mit voller Aufmerksamkeit und Sorgfalt erledigen, anstatt sie durch Eile und Ablenkung oberflächlich anzugehen.

Ein weiterer Vorteil der Achtsamkeit für die Produktivität ist die Klarheit, die sie schafft. Oft verbringen wir wertvolle Zeit damit, uns Sorgen über zukünftige Projekte zu machen oder uns mit Gedanken an vergangene Fehler zu beschäftigen. Diese mentale Unruhe kann dazu führen, dass wir uns blockiert fühlen und unsere Aufgaben ineffizient erledigen. Achtsamkeit bringt uns jedoch zurück in den gegenwärtigen Moment, wo wir die Konzentration finden, die wir brauchen, um voranzukommen.

Zudem hilft Dir Achtsamkeit, Prioritäten zu setzen. Statt von einer überfüllten To-Do-Liste überwältigt zu werden, kannst Du Dich achtsam fragen: „Was ist jetzt wirklich wichtig?" Dieser bewusste Blick auf Deine Aufgaben ermöglicht es Dir, gezielt an dem zu arbeiten, was den größten Unterschied macht, und gleichzeitig das Gefühl von Überforderung zu reduzieren.

Ein achtsamer Ansatz zur Arbeit bedeutet nicht, weniger ehrgeizig zu sein – es bedeutet, klüger zu arbeiten. Die Kombination aus Klarheit, Fokus und der Fähigkeit, stressige Momente zu meistern, schafft eine Grundlage für nachhaltige Produktivität.

ACHTSAMKEIT IN MEETINGS UND BEI SCHWIERIGEN GESPRÄCHEN

Meetings und herausfordernde Gespräche gehören für viele Menschen zu den stressigsten Aspekten des Arbeitsalltags. Häufig fühlen wir uns in solchen Situationen gehetzt, nicht gehört oder emotional aufgeladen, was zu Missverständnissen oder ineffektiven Ergebnissen führen kann. Doch mit Achtsamkeit kannst Du Meetings und Gespräche zu Gelegenheiten machen, in denen echte Verbindung und produktive Zusammenarbeit entstehen.

Der erste Schritt besteht darin, bewusst präsent zu sein. Bevor ein Meeting beginnt, kannst Du Dir ein paar Momente Zeit nehmen, um tief durchzuatmen und Dich zu zentrieren. Diese einfache Vorbereitung hilft Dir, mit einem klaren Geist und einer offenen Haltung in das Gespräch zu gehen. Achtsamkeit bedeutet hier, mit allen Sinnen zuzuhören – nicht nur die Worte der anderen zu hören, sondern auch die nonverbalen Signale wie Tonfall, Mimik und Körpersprache wahrzunehmen.

Ein achtsamer Zuhörer zu sein, ist eine der stärksten Fähigkeiten, die Du in einem Meeting oder Gespräch entwickeln kannst. Anstatt parallel über Deine Antwort nachzudenken oder gedanklich abzuschweifen, kannst Du Dich darauf konzentrieren, wirklich zu verstehen, was Dein Gegenüber sagt. Das bedeutet nicht, dass Du immer zustimmen musst, aber es schafft eine Grundlage für respektvolle und lösungsorientierte Kommunikation.

In schwierigen Gesprächen – etwa bei Konflikten oder wenn Du unangenehme Themen ansprechen musst – ist Achtsamkeit besonders hilfreich. Emotionen wie Wut, Angst oder Frustration können in solchen Momenten schnell die Oberhand gewinnen. Achtsamkeit lehrt Dich, diese Emotionen zu bemerken, bevor sie Dein Verhalten bestimmen. Du kannst bewusst innehalten, einen tiefen Atemzug nehmen und Dich fragen: „Was möchte ich wirklich erreichen?" Diese Pause gibt Dir die Möglichkeit, besonnener zu reagieren, anstatt impulsiv zu handeln.

Ein weiterer Vorteil der Achtsamkeit in solchen Situationen ist die Förderung von Empathie. Indem Du bewusst versuchst, die Perspektive Deines Gegenübers zu verstehen, entsteht Raum für gegenseitiges Verständnis. Selbst wenn Meinungsverschiedenheiten bestehen, können Gespräche so zu einer Chance für Wachstum und Zusammenarbeit werden.

MICRO-PAUSEN FÜR MENTALE KLARHEIT

In einem vollen Arbeitstag sind es oft die kleinen Pausen, die den größten Unterschied machen. Während viele dazu neigen, stundenlang ohne Unterbrechung zu arbeiten, zeigt die Forschung, dass unser Gehirn regelmäßige Erholung braucht, um leistungsfähig zu bleiben. Genau hier kommen sogenannte „Micro-Pausen" ins Spiel – kurze Momente des Innehaltens, die Dir helfen, Deine Energie aufzufrischen und Deinen Fokus zurückzugewinnen.

Eine Micro-Pause muss nicht länger als eine Minute dauern. Schon ein paar bewusste Atemzüge können Wunder wirken. Zum Beispiel könntest Du Dir angewöhnen, nach jeder abgeschlossenen Aufgabe für einen Moment innezuhalten, die Augen zu schließen und drei tiefe Atemzüge zu nehmen. Während Du einatmest, kannst Du Dir vorstellen, frische Energie aufzunehmen, und beim Ausatmen lässt Du Anspannung los.

Auch die bewusste Bewegung ist eine wertvolle Form der Micro-Pause. Steh auf, streck Dich, geh ein paar Schritte – selbst wenn es nur vom Schreibtisch zur Tür ist. Diese kleinen Unterbrechungen helfen, körperliche Anspannung abzubauen und die Durchblutung zu fördern, was wiederum die mentale Klarheit unterstützt.

Eine weitere Möglichkeit, Micro-Pausen achtsam zu nutzen, ist die bewusste Wahrnehmung Deiner Umgebung. Wenn Du an einem Bildschirm arbeitest, kannst Du Deine Augen für ein paar Sekunden von der Arbeit lösen und Deinen Blick in die Ferne schweifen lassen. Nimm die Farben, Formen und Bewegungen um Dich herum wahr, ohne sie zu bewerten. Diese einfache Übung entspannt die Augen und erfrischt den Geist.

Micro-Pausen sind kleine Inseln der Ruhe inmitten eines hektischen Arbeitstages. Sie erinnern Dich daran, dass Du nicht erst am Ende des Tages abschalten musst – Du kannst jederzeit kurz innehalten und Deine Batterien wieder aufladen.

GRENZEN SETZEN UND PRIORITÄTEN DURCH ACHTSAMKEIT

Einer der häufigsten Gründe für Stress am Arbeitsplatz ist das Gefühl, ständig „alles" tun zu müssen. Wir übernehmen zusätzliche Aufgaben, sagen zu häufig „ja" und versuchen, die Erwartungen aller zu erfüllen. Doch das Fehlen klarer Grenzen kann zu Überforderung, Unzufriedenheit und sogar Burnout führen. Achtsamkeit kann Dir dabei helfen, Deine Prioritäten klarer zu sehen und gesunde Grenzen zu setzen.

Der erste Schritt besteht darin, achtsam zu reflektieren, was für Dich wirklich wichtig ist. Nimm Dir regelmäßig Zeit, um Deine Werte und Ziele zu überprüfen. Frage Dich: „Welche Aufgaben und Projekte sind wirklich entscheidend für meinen Erfolg und mein Wohlbefinden?" Diese Reflexion hilft Dir, zwischen dem zu unterscheiden, was wesentlich ist, und dem, was lediglich dringlich erscheint.

Ein achtsamer Umgang mit Deinen Grenzen bedeutet auch, bewusst zu erkennen, wann Du „Nein" sagen solltest. Das ist oft schwirig, weil wir uns Sorgen machen, andere zu enttäuschen oder als unkooperativ wahrgenommen zu werden. Doch Achtsamkeit kann Dir helfen, diese Ängste zu bemerken, ohne von ihnen beherrscht zu werden. Indem Du innehaltest und Dich fragst: „Was brauche ich gerade, um mich ausgeglichen und effektiv zu fühlen?", kannst Du mutiger Entscheidungen treffen, die Deine eigenen Bedürfnisse respektieren.

Das Setzen von Grenzen ist jedoch nicht nur eine Frage des „Nein"-Sagens, sondern auch des „Ja"-Sagens – zu den Dingen, die Dir wirklich wichtig sind. Indem Du achtsam Prioritäten setzt, kannst Du Deine Zeit und Energie gezielt für die Aufgaben und Projekte einsetzen, die den größten Wert schaffen.

Achtsamkeit erinnert Dich daran, dass Du nicht alles kontrollieren kannst und dass es in Ordnung ist, nicht perfekt zu sein. Indem Du Deine Grenzen und Prioritäten mit Klarheit und Selbstmitgefühl kommunizierst, schaffst Du eine Grundlage für ein gesundes und erfülltes Arbeitsleben.

Dieses Kapitel hat gezeigt, wie Achtsamkeit in der Arbeitswelt zu einem Werkzeug werden kann, um produktiver, klarer und ausgeglichener zu arbeiten. Ob durch fokussiertes Single-Tasking, achtsame Kommunikation in Meetings, kurze Micro-Pausen oder das Setzen gesunder Grenzen – die Integration von Achtsamkeit in Deinen Arbeitsalltag kann Dir helfen, Stress zu reduzieren und mit mehr Gelassenheit und Freude zu arbeiten. Mit jedem Moment der Präsenz legst Du den Grundstein für ein berufliches Leben, das nicht nur erfolgreich, sondern auch nachhaltig erfüllend ist.

KAPITEL NEUN
ACHTSAMKEIT FÜR BESSEREN SCHLAF

WARUM STRESS OFT ZU SCHLAFPROBLEMEN FÜHRT

Schlaf ist eine der grundlegendsten Säulen unseres Wohlbefindens, doch für viele Menschen bleibt er schwer fassbar. Stress ist einer der häufigsten Gründe für Schlafprobleme, und seine Auswirkungen können weitreichend sein. Wenn wir gestresst sind, befindet sich unser Körper im „Kampf-oder-Flucht"-Modus, gesteuert vom sympathischen Nervensystem. Der erhöhte Cortisolspiegel und die allgemeine innere Unruhe machen es schwer, in einen Zustand der Entspannung zu gelangen – eine Voraussetzung für erholsamen Schlaf.

Stress erzeugt nicht nur körperliche Anspannung, sondern auch ein Phänomen, das als „Gedankenkreisen" bekannt ist. Der Geist wird von einer Flut von Gedanken über anstehende Aufgaben, vergangene Fehler oder hypothetische Szenarien überschwemmt. Diese mentale Aktivität hält das Gehirn in einem Zustand der Wachsamkeit, wodurch es schwierig wird, in den Schlaf zu finden. Selbst wenn der Körper müde ist, bleibt der Geist aktiv – ein Zustand, den viele als quälend empfinden.

Doch die Auswirkungen von Stress auf den Schlaf gehen über das Einschlafen hinaus. Auch die Schlafqualität leidet: Stress kann dazu führen, dass wir leichter aufwachen, weniger Tiefschlafphasen durchlaufen und uns am Morgen erschöpft fühlen. Der Teufelskreis beginnt, wenn Schlafmangel wiederum das Stressniveau erhöht, was den Schlaf in der nächsten Nacht weiter beeinträchtigt.

Achtsamkeit bietet eine Möglichkeit, diesen Kreislauf zu durchbrechen. Indem wir lernen, Stress abzubauen und den Geist zu beruhigen, schaffen wir die Voraussetzungen für einen tieferen und erholsameren Schlaf. Der erste Schritt besteht darin, die Signale unseres Körpers zu erkennen und bewusst Techniken einzusetzen, die uns helfen, in einen Zustand der Ruhe zu gelangen.

ABENDRITUALE ZUR FÖRDERUNG VON ENTSPANNUNG

Unsere Abende sind oft von Hektik geprägt – sei es durch Arbeit, digitale Ablenkungen oder das Bemühen, alles auf der To-Do-Liste abzuhaken. Doch genau diese Zeit vor dem Schlafengehen ist entscheidend, um den Übergang von Aktivität zu Ruhe zu gestalten. Abendrituale können Dir helfen, den Tag bewusst abzuschließen und Deinen Körper und Geist auf den Schlaf vorzubereiten.

Ein kraftvolles Ritual ist das Etablieren von „handyfreien Zeiten". Die Nutzung von Smartphones und anderen Bildschirmen kurz vor dem Schlafengehen ist eine der Hauptursachen für Schlafprobleme. Das blaue Licht dieser Geräte unterdrückt die Produktion von Melatonin, dem Hormon, das den Schlaf-Wach-Rhythmus reguliert. Doch die negativen Effekte gehen über das Licht hinaus: Soziale Medien, E-Mails oder Nachrichten stimulieren den Geist und erzeugen oft Unruhe. Indem Du Dein Handy eine Stunde vor dem Schlafengehen beiseitelegst, gibst Du Deinem Geist die Möglichkeit, sich zu entspannen.

Eine weitere Möglichkeit, den Abend achtsam zu gestalten, ist eine kurze Atemübung oder Meditation. Setze Dich an einen ruhigen Ort, schließe die Augen und richte Deine Aufmerksamkeit auf Deinen Atem. Atme langsam ein und aus, und stelle Dir vor, wie Du mit jedem Atemzug den Stress des Tages loslässt. Diese einfache Praxis kann helfen, Deinen Körper zu beruhigen und den Geist auf den Schlaf einzustimmen.

Auch das achtsame Tagebuchschreiben ist ein wertvolles Ritual. Notiere, wofür Du an diesem Tag dankbar bist, welche positiven Momente Du erlebt hast oder welche Gedanken Dich beschäftigen. Das Schreiben hilft, den Geist zu klären und belastende Gedanken loszulassen, sodass sie nicht mit ins Bett genommen werden.

Ein achtsames Abendritual muss nicht kompliziert sein. Wichtig ist, dass Du Dir bewusst Zeit nimmst, um den Tag loszulassen und Dich auf die Ruhe einzustellen. Mit der Zeit werden diese Gewohnheiten zu einem Signal für Deinen Körper, dass es Zeit ist, in den Schlafmodus zu wechseln.

GEFÜHRTE MEDITATIONEN FÜR BESSEREN SCHLAF

Geführte Meditationen sind ein wunderbares Werkzeug, um den Übergang in den Schlaf zu erleichtern. Sie lenken Deine Aufmerksamkeit weg von den Gedanken des Tages und helfen Dir,

Dich auf den gegenwärtigen Moment zu konzentrieren. Dies beruhigt den Geist und führt den Körper in einen Zustand der Entspannung.

Eine besonders wirksame Form ist die **Körperreise-Meditation**. Dabei wirst Du Schritt für Schritt durch Deinen Körper geführt, während Du Dich auf jede einzelne Körperregion konzentrierst. Beginne bei den Füßen und spüre, wie sie sich anfühlen – vielleicht warm, schwer oder entspannt. Fahre dann langsam durch den Rest des Körpers, bis Du schließlich den Kopf erreichst. Diese Meditation hilft nicht nur, körperliche Spannungen zu lösen, sondern auch den Geist zu beruhigen, indem er eine klare Struktur erhält, der er folgen kann.

Auch **Visualisierungstechniken** können hilfreich sein. Geführte Meditationen, die Dich einladen, Dir einen ruhigen, sicheren Ort vorzustellen – vielleicht einen Wald, einen Strand oder einen gemütlichen Raum – können das Gefühl von Geborgenheit und Entspannung fördern. Während Du Dich auf die Details dieser imaginären Umgebung konzentrierst, gleitet Dein Geist sanft in einen Zustand der Ruhe.

Für manche Menschen wirken Atemmeditationen besonders effektiv. Eine geführte Praxis, die die 4-7-8-Technik oder langsames Zählen der Atemzüge integriert, kann den Körper schnell in den parasympathischen Modus bringen, der für Entspannung und Regeneration zuständig ist.

Geführte Meditationen sind ideal, weil sie eine externe Stimme bieten, die Dich durch den Prozess führt. Dies erleichtert es, den Fokus zu halten und nicht in kreisende Gedanken abzudriften. Du kannst solche Meditationen in Apps, auf Plattformen wie YouTube oder in speziellen Audio-Programmen finden. Experimentiere mit verschiedenen Stilen, um herauszufinden, was für Dich am besten funktioniert.

WIE MAN NEGATIVE GEDANKEN VOR DEM EINSCHLAFEN STOPPT

Ein häufiges Hindernis für erholsamen Schlaf sind die negativen Gedanken, die oft gerade dann auftauchen, wenn wir uns ins Bett legen. Diese „Gedankenkarusselle" können alles umfassen: Sorgen über die Zukunft, Reue über die Vergangenheit oder ein allgemeines Gefühl der Überforderung. Doch es gibt Strategien, die Dir helfen können, diese Gedanken zu beruhigen und den Geist auf den Schlaf vorzubereiten.

Eine einfache, aber wirkungsvolle Technik ist der **Gedanken-Parkplatz**. Nimm ein Notizbuch und schreibe vor dem Schlafengehen alles auf, was Dir im Kopf herumschwirrt. Das können Aufgaben, Sorgen oder sogar zufällige Gedanken sein. Indem Du sie auf Papier bringst, signalisierst Du Deinem Geist, dass Du Dich morgen darum kümmern wirst. Dies kann den Druck lindern, alles im Kopf behalten zu müssen, und Dir helfen, leichter loszulassen.

Auch Achtsamkeit kann helfen, negative Gedanken zu entkräften. Wenn ein belastender Gedanke auftaucht, nimm ihn wahr, ohne ihn zu bewerten oder zu bekämpfen. Sage Dir innerlich: „Das ist nur ein Gedanke, kein Fakt." Stelle Dir vor, wie dieser Gedanke wie eine Wolke am Himmel vorbeizieht, ohne dass Du ihn festhalten musst. Diese Distanzierung hilft, die Macht des Gedankens zu reduzieren und Deinen Geist in den gegenwärtigen Moment zurückzubringen.

Eine weitere hilfreiche Technik ist die **Fokussierung auf positive**

Affirmationen. Wiederhole innerlich beruhigende Sätze wie: „Ich bin sicher und geborgen", „Ich lasse den Tag los" oder „Ich verdiene Ruhe und Frieden". Diese Affirmationen können negative Gedanken ersetzen und ein Gefühl von Gelassenheit fördern.

Auch das bewusste Lenken Deiner Aufmerksamkeit auf den Atem oder die Körperempfindungen kann den Geist beruhigen. Indem Du Deine Gedanken sanft auf das Hier und Jetzt ausrichtest, entziehst Du den Sorgen die Energie und schaffst die Grundlage für einen erholsamen Schlaf.

Dieses Kapitel hat gezeigt, wie Achtsamkeit Dir helfen kann, Stress abzubauen, Gedanken zu beruhigen und den Schlaf zu verbessern. Mit gezielten Abendritualen, geführten Meditationen und Techniken zur Entschärfung negativer Gedanken kannst Du die Qualität Deines Schlafs nachhaltig steigern. Schlaf ist nicht nur eine biologische Notwendigkeit, sondern auch ein Akt der Selbstfürsorge – und Achtsamkeit ist der Schlüssel, um ihn zu schützen und zu fördern.

KAPITEL ZEHN
ACHTSAMKEIT FÜR BEZIEHUNGEN

WIE ACHTSAMKEIT DIE KOMMUNIKATION VERBESSERT

Zwischenmenschliche Beziehungen sind ein zentraler Bestandteil unseres Lebens, doch sie können ebenso Quelle von Stress wie von Erfüllung sein. Ein Missverständnis, ein harsches Wort oder ein unaufmerksames Zuhören genügen oft, um Konflikte oder Distanz zu schaffen. Hier setzt Achtsamkeit an: Sie hilft, bewusster mit anderen in Kontakt zu treten, Gespräche achtsamer zu führen und Missverständnisse zu vermeiden.

Eine der grundlegendsten Fähigkeiten, die Achtsamkeit in der Kommunikation stärkt, ist das **aktive Zuhören**. Oft hören wir anderen nur halbherzig zu, während unser Geist bereits bei der nächsten Antwort ist oder sich mit anderen Gedanken beschäftigt. Achtsamkeit lädt Dich dazu ein, Deine volle Aufmerksamkeit Deinem Gesprächspartner zu schenken. Dies bedeutet, wirklich präsent zu sein

– nicht nur körperlich, sondern auch geistig. Höre nicht nur die Worte, sondern achte auch auf die Emotionen dahinter.

Ein weiterer Aspekt achtsamer Kommunikation ist die bewusste Wortwahl. Wie oft sagen wir Dinge im Eifer des Gefechts, die wir später bereuen? Achtsamkeit lehrt, innezuhalten, bevor man spricht, und sich zu fragen: „Ist das, was ich sagen möchte, hilfreich? Ist es respektvoll?" Diese Pause kann dazu beitragen, Konflikte zu entschärfen und Gespräche konstruktiver zu gestalten.

Zudem fördert Achtsamkeit die Fähigkeit, Emotionen im Gespräch wahrzunehmen und zu regulieren. Wenn Du merkst, dass Du Dich während eines Gesprächs ärgerst oder angespannt bist, kannst Du diese Emotion erkennen und mit einer bewussten Atemübung einen Moment der Ruhe schaffen. So kannst Du vermeiden, impulsiv zu reagieren, und stattdessen bewusster und gelassener antworten.

Achtsame Kommunikation ist keine Technik, die Du perfekt beherrschen musst. Vielmehr ist sie eine Haltung, die durch Übung immer stärker wird. Sie schenkt Dir die Möglichkeit, echte Verbindungen aufzubauen und Gespräche zu einer Quelle von Verständnis und gegenseitigem Respekt zu machen.

EMPATHIE UND ZUHÖREN DURCH ACHTSAMES VERHALTEN

Empathie ist die Fähigkeit, sich in die Gedanken und Gefühle eines anderen Menschen hineinzuversetzen – ein zentraler Bestandteil jeder Beziehung. Doch im hektischen Alltag fällt es oft schwer, wirklich empathisch zu sein. Achtsamkeit kann Dir helfen, Empathie zu kultivieren, indem sie Dich dazu ermutigt, Deine Aufmerksamkeit ganz auf den anderen zu richten.

Achtsames Zuhören ist der erste Schritt, um Empathie zu fördern. Wenn jemand mit Dir spricht, schenke ihm Deine ungeteilte Aufmerksamkeit. Lege Dein Handy beiseite, halte Augenkontakt und sei präsent. Indem Du wirklich zuhörst, ohne zu unterbrechen oder zu bewerten, gibst Du Deinem Gegenüber das Gefühl, gehört und verstanden zu werden. Dieses Geschenk der Präsenz stärkt das Vertrauen und die Verbindung in jeder Beziehung.

Ein weiterer achtsamer Ansatz zur Empathie ist der **Perspektivenwechsel**. Versuche, die Situation durch die Augen Deines Gegenübers zu sehen. Was könnte diese Person gerade fühlen? Welche Erfahrungen könnten ihre Reaktion beeinflussen? Dieser Perspektivwechsel hilft, Missverständnisse zu reduzieren und Mitgefühl zu fördern – selbst in schwierigen Situationen.

Auch das Wahrnehmen nonverbaler Signale spielt eine wichtige Rolle. Oft sagt die Körpersprache eines Menschen mehr als seine Worte. Achte darauf, wie sich die Haltung, der Gesichtsausdruck oder die Stimme Deines Gegenübers verändern. Achtsamkeit schärft Deine Sinne und ermöglicht es Dir, diese subtilen Hinweise wahrzunehmen und darauf einzugehen.

Empathie ist nicht nur eine Gabe, die anderen zugutekommt – sie bereichert auch Dich selbst. Indem Du Dich mitfühlend auf andere einlässt, stärkst Du Deine eigene emotionale Intelligenz und förderst tiefere und erfüllendere Beziehungen.

KONFLIKTE MIT ACHTSAMKEIT LÖSEN

Konflikte sind ein unvermeidlicher Teil von Beziehungen. Unterschiedliche Meinungen, Bedürfnisse oder Erwartungen führen früher oder später zu Spannungen. Doch wie wir mit diesen Konflikten umgehen, entscheidet darüber, ob sie die Beziehung schwächen oder stärken. Achtsamkeit bietet einen Weg, Konflikte bewusster und konstruktiver anzugehen.

Der erste Schritt besteht darin, Konflikte als normale und sogar potenziell positive Aspekte einer Beziehung zu betrachten. Achtsamkeit lädt Dich dazu ein, Konflikte nicht als Bedrohung, sondern als Gelegenheit für Wachstum und Verständnis zu sehen. Diese veränderte Perspektive hilft, die emotionale Ladung aus der Situation zu nehmen und sie mit mehr Gelassenheit anzugehen.

Ein achtsamer Umgang mit Konflikten beginnt mit Selbstreflexion. Bevor Du auf eine Provokation reagierst, halte inne und frage Dich: „Was fühle ich gerade? Was brauche ich in diesem Moment?" Diese Reflexion gibt Dir die Möglichkeit, Deine Emotionen zu regulieren und Klarheit über Deine Bedürfnisse zu gewinnen, bevor Du sie kommunizierst.

Achtsamkeit fördert auch die Fähigkeit, in einem Konflikt bewusst zu zuhören. Anstatt sofort zu widersprechen oder Dich zu verteidigen, kannst Du versuchen, die Perspektive des anderen vollständig zu verstehen. Wiederhole innerlich, was Du gehört hast, um sicherzustellen, dass Du die Botschaft richtig erfasst hast. Diese Haltung des Zuhörens schafft Raum für Dialog und zeigt Deinem Gegenüber, dass seine Sichtweise respektiert wird.

Ein weiterer Schlüssel ist die achtsame Sprache. Anstatt Vorwürfe zu machen oder Kritik auszuüben, kannst Du Deine eigenen Gefühle und Bedürfnisse ehrlich, aber respektvoll ausdrücken. Achtsamkeit hilft, Ich-Botschaften zu formulieren, wie: „Ich fühle mich überfordert, wenn…", statt „Du machst immer…". Diese Form der Kommunikation minimiert die Abwehrhaltung und eröffnet die Möglichkeit für gegenseitige Lösungen.

Konflikte lösen sich nicht immer sofort. Doch durch Achtsamkeit kannst Du eine Atmosphäre schaffen, in der beide Seiten gehört werden und eine nachhaltige Lösung möglich wird.

DEN MOMENT IN BEZIEHUNGEN BEWUSST GENIESSEN

Oft sind es die kleinen Momente, die Beziehungen besonders machen – ein Lächeln, ein gemeinsames Lachen, ein kurzes Gespräch am Ende des Tages. Doch im Trubel des Alltags vergessen wir oft, diese Augenblicke bewusst wahrzunehmen und zu schätzen. Achtsamkeit erinnert uns daran, innezuhalten und die Schönheit dieser Momente zu genießen.

Ein einfacher Weg, um präsenter in Beziehungen zu sein, ist, Ablenkungen bewusst beiseite zu legen. Wenn Du Zeit mit jemandem verbringst, lasse Dein Handy, Sorgen oder andere Gedanken los und schenke der Person Deine volle Aufmerksamkeit. Präsenz bedeutet nicht, dass Du immer große Gesten machen musst – es geht darum, wirklich da zu sein, sei es in einem kurzen Gespräch oder in einem gemeinsamen Schweigen.

Auch Dankbarkeit spielt eine wichtige Rolle. Achtsamkeit lädt Dich dazu ein, die positiven Aspekte Deiner Beziehungen bewusst wahrzunehmen. Was schätzt Du an Deinem Partner, Deinen Freunden oder Deiner Familie? Indem Du diese Momente der Wertschätzung kultivierst, stärkst Du die Verbindung zu den Menschen um Dich herum.

Rituale können ebenfalls helfen, den Moment bewusst zu genießen. Vielleicht trinkst Du jeden Morgen gemeinsam mit Deinem Partner eine Tasse Kaffee oder liest abends Deinen Kindern eine Geschichte vor. Solche Rituale schaffen einen Raum für Präsenz und Verbundenheit, selbst an hektischen Tagen.

Achtsamkeit in Beziehungen bedeutet, die kleinen Dinge zu bemerken, die oft übersehen werden. Es geht darum, die Verbindung zu anderen als Geschenk zu sehen und jeden Moment bewusst zu erleben. Indem Du achtsam bist, kannst Du Deine Beziehungen auf eine tiefere und bedeutungsvollere Ebene bringen.

Dieses Kapitel hat gezeigt, wie Achtsamkeit die Qualität Deiner Beziehungen verbessern kann – durch bewusste Kommunikation, Empathie, den achtsamen Umgang mit Konflikten und die Fähigkeit, den Moment zu genießen. Beziehungen sind lebendig und dynamisch, und Achtsamkeit hilft Dir, sie mit mehr Tiefe, Respekt und Freude zu gestalten. Sie erinnert uns daran, dass jeder Moment, den wir mit anderen teilen, eine Gelegenheit für Verbindung und Wachstum ist.

KAPITEL ELF
ACHTSAMKEIT IN DER NATUR

DIE HEILENDE KRAFT DER NATUR UND ACHTSAMKEIT

Die Natur hat eine besondere Fähigkeit, uns zu beruhigen und zu regenerieren. Schon ein kurzer Spaziergang im Grünen oder das Rauschen von Bäumen im Wind kann eine tiefe innere Ruhe hervorrufen. In unserer modernen Welt, die oft von Hektik und digitalen Ablenkungen geprägt ist, sind Momente in der Natur wie eine Einladung, zurückzukehren zu einem ursprünglichen Zustand der Einfachheit und Verbindung.

Doch warum wirkt die Natur so heilend? Forschungsergebnisse zeigen, dass der Aufenthalt in natürlichen Umgebungen Stresshormone wie Cortisol reduziert, die Herzfrequenz senkt und das Gefühl von Wohlbefinden steigert. Dieser Effekt wird oft als „Biophilia-Effekt" bezeichnet – die angeborene Verbindung des Menschen zur Natur. Indem wir uns in der Natur aufhalten, kehren wir zu unseren Wurzeln zurück und spüren, dass wir ein Teil von etwas Größerem sind.

Achtsamkeit verstärkt diesen Effekt, indem sie uns lehrt, die Natur nicht nur als Kulisse wahrzunehmen, sondern aktiv in den Moment einzutauchen. Statt einfach nur durch einen Park zu eilen, kannst Du innehalten und die Details bewusst wahrnehmen: das Licht, das durch die Blätter fällt, das Zwitschern der Vögel, das Gefühl von Erde unter Deinen Füßen. Die Natur wird so zu einem lebendigen Erlebnis, das Dich tiefer mit Dir selbst und der Welt um Dich herum verbindet.

Die heilende Kraft der Natur liegt auch in ihrer Beständigkeit. Während unser Alltag oft chaotisch und unvorhersehbar ist, bietet die Natur einen Ort der Ruhe und Stabilität. Der Kreislauf der Jahreszeiten, das Fließen eines Flusses oder das Wachsen eines Baumes erinnern uns daran, dass das Leben sich in Rhythmen bewegt und wir Teil dieses natürlichen Gleichgewichts sind.

WALDSPAZIERGÄNGE MIT ACHTSAMKEIT

Ein Waldspaziergang ist eine der wirkungsvollsten Möglichkeiten, Achtsamkeit in der Natur zu praktizieren. Im Japanischen gibt es dafür sogar einen eigenen Begriff: „Shinrin Yoku", übersetzt als „Waldbaden". Diese Praxis ist mehr als nur ein Spaziergang – sie lädt Dich dazu ein, mit allen Sinnen in die Atmosphäre des Waldes einzutauchen und Dich bewusst mit der Natur zu verbinden.

Beginne Deinen Waldspaziergang, indem Du Deine Aufmerksamkeit auf die Umgebung richtest. Spüre den Boden unter Deinen Füßen – ist er weich, fest, uneben? Höre die Geräusche um Dich herum: das Rascheln der Blätter, das Summen von Insekten, vielleicht das entfernte Plätschern eines Baches. Atme tief durch die Nase ein und nimm den erdigen Duft des Waldes wahr. Jeder dieser Sinne hilft Dir, präsenter zu werden und den Moment voll zu erleben.

Ein achtsamer Waldspaziergang ist langsam und bewusst. Es geht nicht darum, ein bestimmtes Ziel zu erreichen, sondern darum, die Erfahrung selbst zu genießen. Vielleicht möchtest Du anhalten, um die Details einer Baumrinde zu betrachten, oder Deine Hand über das Moos streichen lassen. Erlaube Dir, neugierig zu sein, als würdest Du den Wald zum ersten Mal sehen.

Eine kraftvolle Übung während des Waldbadens ist das „Baum-Atmen". Wähle einen Baum aus, der Dich anspricht, und stelle Dich in seiner Nähe auf. Während Du einatmest, stelle Dir vor, dass Du die Energie des Baumes aufnimmst – seine Standhaftigkeit, seine Ruhe, seine Verbindung zur Erde. Beim Ausatmen kannst Du Dir vorstellen, wie Du Stress und Anspannung loslässt. Diese Übung hilft Dir, Dich tiefer mit der Natur zu verbinden und ein Gefühl von Stabilität und Erdung zu finden.

Waldbaden ist nicht nur eine körperliche Aktivität, sondern auch eine Form der Meditation. Es ist eine Gelegenheit, Deinen Geist zu beruhigen, die Verbindung zur Natur zu stärken und neue Energie zu tanken.

WIE DIE NATUR HILFT, DEN GEIST ZU BERUHIGEN

Die beruhigende Wirkung der Natur liegt nicht nur in ihrer Schönheit, sondern auch in ihrer Fähigkeit, unsere überstimulierten Sinne zu entspannen. In einer Welt voller Bildschirme, Verkehr und lauter Geräusche ist die Natur ein Ort der Stille und Einfachheit. Diese

Umgebung erlaubt es unserem Geist, zur Ruhe zu kommen und wieder in Balance zu finden.

Ein entscheidender Aspekt ist die langsame, rhythmische Qualität der Natur. Während unser Alltag oft hektisch ist, bewegt sich die Natur in ihrem eigenen Tempo. Das Rauschen der Blätter im Wind, das sanfte Plätschern eines Baches oder die Wolken, die über den Himmel ziehen, wirken wie ein natürliches Beruhigungsmittel für unseren Geist. Diese regelmäßigen, unaufdringlichen Muster laden uns dazu ein, langsamer zu werden und den Moment zu genießen.

Auch die visuelle Vielfalt der Natur hat eine beruhigende Wirkung. Studien zeigen, dass das Betrachten natürlicher Farben und Formen – wie Grünflächen, Wasser oder Blumen – die Aktivität des präfrontalen Kortex im Gehirn fördert, der für die Regulation von Stress und Emotionen zuständig ist. Gleichzeitig wird die Aktivität der Amygdala, die mit Angst und Stress assoziiert ist, reduziert. Dies erklärt, warum wir uns oft automatisch besser fühlen, wenn wir in der Natur sind.

Ein weiterer Aspekt ist die Möglichkeit zur Erdung, auch bekannt als „Grounding". Der direkte Kontakt mit der Erde – barfuß auf Gras zu laufen, die Hände in die Erde zu graben oder einen Baum zu berühren – kann das Nervensystem beruhigen und das Gefühl von Verbindung und Sicherheit stärken. Diese einfache Praxis erinnert uns daran, dass wir ein Teil der Natur sind und dass sie uns unterstützen kann, wenn wir uns auf sie einlassen.

ACHTSAMKEITSÜBUNGEN IM FREIEN

Die Natur bietet unzählige Möglichkeiten, Achtsamkeit zu üben. Du musst nicht in einem dichten Wald oder an einem abgelegenen See sein

– selbst ein kleiner Park, ein Garten oder ein Balkon mit Pflanzen kann ein Ort für achtsame Momente sein.

Eine einfache Übung ist das **achtsame Gehen**. Wähle einen Weg, auf dem Du in Ruhe gehen kannst, und richte Deine volle Aufmerksamkeit auf jeden Schritt. Spüre, wie Deine Füße den Boden berühren, wie sich Dein Gewicht verlagert, und höre auf die Geräusche Deiner Schritte. Diese Praxis hilft Dir, den Geist zu beruhigen und den Kontakt zu Deiner Umgebung zu stärken.

Auch das **Beobachten der Elemente** kann eine kraftvolle Übung sein. Setze Dich an einen ruhigen Ort und richte Deine Aufmerksamkeit auf die Elemente um Dich herum. Spüre den Wind auf Deiner Haut, höre das Rauschen der Blätter oder das Summen von Insekten. Wenn Du Wasser in der Nähe hast, beobachte das Spiel der Lichtreflexe auf seiner Oberfläche oder lausche seinem Fließen. Diese Übungen schärfen Deine Sinne und fördern ein Gefühl von Verbindung zur Welt um Dich herum.

Eine weitere Übung ist das **achtsame Betrachten eines Naturobjekts**. Suche Dir einen Stein, ein Blatt oder eine Blume aus und halte sie in Deinen Händen. Betrachte das Objekt mit all seinen Details: die Farben, die Textur, die Form. Lass Deinen Geist ganz in diesem Moment verweilen, ohne an etwas anderes zu denken. Diese einfache Praxis kann eine erstaunliche Tiefe und Ruhe bringen.

Auch das **Barfußlaufen** ist eine wunderbare Möglichkeit, Dich mit der Natur zu verbinden. Spüre das Gras, den Sand oder die Erde unter Deinen Füßen. Achte darauf, wie sich die Temperatur und die Textur anfühlen. Dieses bewusste Erleben erdet Dich und stärkt Deine Verbindung zur natürlichen Welt.

Die Natur bietet unendliche Möglichkeiten für achtsame Momente – Du musst nur innehalten, wahrnehmen und Dich auf die Erfahrung einlassen.

Dieses Kapitel hat gezeigt, wie die Natur und Achtsamkeit zusammenwirken können, um innere Ruhe, Klarheit und Verbindung zu fördern. Ob durch Waldbaden, das bewusste Gehen oder das einfache Wahrnehmen der Elemente – die Natur ist ein kraftvoller Partner auf Deinem Weg zu mehr Achtsamkeit. Indem Du Dich der Natur öffnest, öffnest Du Dich auch Dir selbst – für ein Leben voller Balance und Harmonie.

KAPITEL ZWÖLF
TECHNOLOGIEN ACHTSAM NUTZEN

DIE HERAUSFORDERUNGEN DER DIGITALEN WELT

Unsere Welt ist heute digitaler denn je. Smartphones, soziale Medien, E-Mails und Nachrichten halten uns ständig auf Trab. Diese Technologien sind zweifellos nützlich, sie erleichtern die Kommunikation, die Organisation und den Zugang zu Wissen. Doch sie bringen auch Herausforderungen mit sich – besonders, wenn sie unbewusst und ohne klare Grenzen genutzt werden.

Eine der größten Herausforderungen ist der **Informationsüberfluss**. Jede Minute prasseln neue Nachrichten, E-Mails und Updates auf uns ein. Dieser ständige Strom von Informationen kann unser Gehirn überfordern, da es nicht dafür ausgelegt ist, eine solche Menge an Reizen zu verarbeiten. Das Ergebnis ist mentale Erschöpfung, die sich in Konzentrationsschwierigkeiten, innerer Unruhe und einem Gefühl von Überforderung zeigt.

Ein weiteres Problem ist die **ständige Erreichbarkeit**, die viele Menschen unter Druck setzt. Die Erwartung, immer sofort auf Nachrichten zu reagieren – sei es beruflich oder privat –, schafft eine permanente Anspannung. Diese ständige Alarmbereitschaft lässt kaum Raum für echte Erholung, da unser Nervensystem nie wirklich zur Ruhe kommt.

Zudem fördern digitale Geräte das **Gefühl der Ablenkung**. Während wir einen Artikel lesen, erreicht uns eine Benachrichtigung. Während eines Gesprächs werfen wir einen Blick auf unser Handy. Dieser ständige Wechsel der Aufmerksamkeit führt dazu, dass wir uns selten voll und ganz auf den Moment einlassen. Die Qualität unserer Erfahrungen, sei es bei der Arbeit, in Beziehungen oder in Momenten der Ruhe, leidet erheblich.

Auch das **Vergleichen in sozialen Medien** kann zu einem Problem werden. Die idealisierten Bilder und Erfolge, die wir online sehen, können Gefühle von Unzulänglichkeit, Neid oder Stress auslösen. Statt uns mit uns selbst zu verbinden, werden wir in eine Welt gezogen, in der wir uns ständig messen und bewerten.

Die digitale Welt birgt immense Möglichkeiten, aber auch die Gefahr, dass wir uns von uns selbst entfremden. Hier kann Achtsamkeit eine entscheidende Rolle spielen, um Technologie bewusster und gesünder zu nutzen.

ACHTSAME NUTZUNG VON SMARTPHONES UND SOZIALEN MEDIEN

Smartphones und soziale Medien sind aus unserem Alltag kaum noch wegzudenken. Doch die Art und Weise, wie wir sie nutzen, bestimmt, ob sie uns bereichern oder belasten. Achtsamkeit hilft uns, bewusster mit diesen Werkzeugen umzugehen und klare Grenzen zu setzen.

Ein erster Schritt zur achtsamen Nutzung von Smartphones ist es, **Bildschirmfreie Zonen** einzurichten. Zum Beispiel kannst Du Dein Handy aus dem Schlafzimmer verbannen und Dir stattdessen angewöhnen, vor dem Schlafengehen ein Buch zu lesen oder eine kurze Meditation zu machen. Solche bewusst geschaffenen Freiräume erlauben es Deinem Geist, abzuschalten und sich zu erholen.

Auch das bewusste Überprüfen Deiner Geräte kann helfen, achtsamer zu sein. Anstatt reflexartig nach Deinem Handy zu greifen, frage Dich: „Warum will ich mein Smartphone gerade nutzen? Brauche ich wirklich diese Information, oder suche ich nur eine Ablenkung?" Diese kurze Pause gibt Dir die Möglichkeit, Deine Handlungen zu hinterfragen und bewusste Entscheidungen zu treffen.

In sozialen Medien ist es wichtig, sich klar zu machen, dass die dort präsentierten Inhalte oft idealisiert und kuratiert sind. Achtsamkeit hilft Dir, Dich nicht mit anderen zu vergleichen, sondern Dich stattdessen auf Dein eigenes Leben zu konzentrieren. Du kannst Dir bewusst machen, dass Du den Fokus auf Positives legen kannst – indem Du zum Beispiel Seiten abonnierst, die inspirierende, achtsame oder aufbauende Inhalte bieten.

Eine weitere Strategie ist die Einführung von festen **Digital-Detox-Zeiten**. Dies können kleine Zeitfenster im Alltag sein, in denen Du Dein Handy bewusst ausschaltest – sei es während einer Mahlzeit, eines Spaziergangs oder eines Gesprächs mit einem Freund. Diese kurzen Phasen helfen, den Geist zu entlasten und die Verbindung zur realen Welt zu stärken.

Smartphones und soziale Medien sind nicht per se schlecht. Doch sie erfordern bewussten Umgang, um sicherzustellen, dass sie unser Leben bereichern, anstatt es zu dominieren.

DIGITALE DETOX-STRATEGIEN

Ein „Digital Detox" bedeutet nicht, Technologie vollständig aufzugeben, sondern bewusste Pausen einzulegen, um einen gesünderen Umgang mit ihr zu finden. Diese Pausen sind wie ein Atemzug für Deinen Geist – eine Möglichkeit, Deine Aufmerksamkeit zurückzugewinnen und wieder mehr Kontrolle über Deine Zeit zu erlangen.

Ein einfacher Einstieg in den Digital Detox ist das Setzen von **Zeitlimits** für Deine Bildschirmzeit. Viele Smartphones bieten die Möglichkeit, tägliche Nutzungszeiten für bestimmte Apps festzulegen. Indem Du zum Beispiel Deine Zeit auf sozialen Medien begrenzt, schaffst Du mehr Raum für andere Aktivitäten, die Dir wirklich guttun – sei es ein Gespräch, ein Hobby oder einfach Zeit für Dich selbst.

Ein weiteres Element des Digital Detox ist der **bewusste Verzicht auf Benachrichtigungen**. Schalte Push-Mitteilungen für Apps aus, die nicht dringend sind, und überprüfe Nachrichten oder E-Mails nur zu festgelegten Zeiten. Dies verhindert, dass Dein Tag ständig von Unterbrechungen fragmentiert wird, und gibt Dir die Möglichkeit, Dich länger auf eine Sache zu konzentrieren.

Auch das Einrichten von **Offline-Momenten** kann hilfreich sein. Zum Beispiel könntest Du Dir einen Tag pro Woche – etwa den Sonntag – freihalten, an dem Du alle digitalen Geräte ausschaltest.

Diese Zeit kannst Du nutzen, um mit Freunden oder Familie Zeit zu verbringen, in die Natur zu gehen oder einfach etwas für Dich selbst zu tun.

Ein Digital Detox kann auch bedeuten, bewusstere Alternativen zu digitalen Aktivitäten zu suchen. Statt endlos durch soziale Medien zu scrollen, könntest Du ein Buch lesen, Musik hören oder eine kreative Tätigkeit ausprobieren. Diese kleinen Veränderungen können einen großen Unterschied machen und Dir helfen, Dich wieder mehr mit dem zu verbinden, was Dir wirklich wichtig ist.

Digitale Pausen sind nicht nur eine Wohltat für den Geist, sondern auch eine Möglichkeit, die Beziehung zur Technologie neu zu gestalten. Es geht nicht darum, Technologie zu verteufeln, sondern sie so zu nutzen, dass sie Deinem Leben dient, anstatt es zu bestimmen.

WIE APPS UND TOOLS FÜR ACHTSAMKEIT GENUTZT WERDEN KÖNNEN

Ironischerweise kann Technologie, die oft als Quelle von Ablenkung und Stress wahrgenommen wird, auch ein wertvolles Werkzeug sein, um Achtsamkeit zu fördern. Es gibt eine Vielzahl von Apps und digitalen Tools, die speziell entwickelt wurden, um Dich bei Deiner Achtsamkeitspraxis zu unterstützen.

Meditations-Apps wie Headspace, Calm oder Insight Timer bieten geführte Meditationen, Atemübungen und Schlafhilfen an. Diese Programme sind ideal, um in die Welt der Achtsamkeit einzusteigen oder Deine bestehende Praxis zu vertiefen. Viele Apps bieten auch Erinnerungsfunktionen, die Dich im Alltag daran erinnern, innezuhalten und achtsam zu sein.

Auch einfache Timer-Apps können nützlich sein, um achtsame Pausen zu planen. Du könntest zum Beispiel einen Timer auf Deinem Handy einstellen, der Dich alle zwei Stunden daran erinnert, ein paar Minuten zu atmen, Dich zu dehnen oder einen Moment der Ruhe zu genießen.

Ein weiteres hilfreiches Tool sind Tagebuch-Apps, die speziell für die Reflexion und Dankbarkeit entwickelt wurden. Sie bieten die Möglichkeit, Deine Gedanken und Emotionen zu dokumentieren, achtsame Ziele zu setzen oder Deine Fortschritte zu verfolgen. Dies kann Dir helfen, Deine Achtsamkeitspraxis zu strukturieren und zu vertiefen.

Für diejenigen, die Schwierigkeiten haben, offline zu gehen, gibt es Apps, die dabei helfen, den Bildschirmkonsum zu regulieren. Programme wie Forest oder Stay Focused blockieren ablenkende Apps und belohnen Dich für die Zeit, die Du abseits des Bildschirms verbringst.

Wichtig ist, dass Du Technologie bewusst und gezielt einsetzt. Apps und Tools sollten Deine Achtsamkeitspraxis unterstützen, nicht zu einer neuen Quelle der Abhängigkeit werden. Indem Du digitale Hilfsmittel mit Bedacht auswählst und einsetzt, kannst Du die positiven Seiten der Technologie nutzen, ohne Dich von ihr überwältigen zu lassen.

Dieses Kapitel hat gezeigt, wie Achtsamkeit uns helfen kann, die Herausforderungen der digitalen Welt zu meistern. Indem wir Technologien bewusst nutzen, klare Grenzen setzen und gelegentlich Pausen einlegen, können wir die Kontrolle über unsere

Aufmerksamkeit und unser Wohlbefinden zurückgewinnen. Gleichzeitig können wir digitale Tools als Hilfsmittel einsetzen, um unsere Achtsamkeitspraxis zu vertiefen und unsere Verbindung zum Hier und Jetzt zu stärken. Letztendlich geht es darum, eine Balance zu finden – zwischen den Vorteilen der Technologie und der Notwendigkeit, mit uns selbst und der Welt um uns herum verbunden zu bleiben.

KAPITEL DREIZEHN
GEWOHNHEITEN DER ACHTSAMKEIT ETABLIEREN

WARUM KONSISTENZ DER SCHLÜSSEL IST

Achtsamkeit kann nur dann ihre volle Wirkung entfalten, wenn sie ein fester Bestandteil Deines Lebens wird. Sie ist keine einmalige Aktivität, sondern eine Praxis, die durch Wiederholung und Beständigkeit ihre Kraft entfaltet. Genau wie körperliches Training den Körper stärkt, hilft regelmäßige Achtsamkeitspraxis dabei, den Geist zu schulen und Resilienz gegenüber Stress aufzubauen.

Konsistenz bedeutet nicht Perfektion. Es geht nicht darum, jeden Tag stundenlang zu meditieren oder in jeder Situation absolut achtsam zu sein. Vielmehr geht es darum, regelmäßig – selbst in kleinen Dosen – innezuhalten und den Moment bewusst wahrzunehmen. Mit jeder Wiederholung stärkst Du Deine Fähigkeit, präsent zu sein, und baust eine Gewohnheit auf, die Dich langfristig unterstützt.

Ein häufiges Missverständnis ist, dass Achtsamkeit nur in speziellen Sitzungen oder Meditationen praktiziert werden kann. Doch in Wirklichkeit kannst Du Achtsamkeit in jedem Moment üben – beim Aufwachen, beim Gehen, während Du arbeitest oder sogar während alltäglicher Routinen. Indem Du sie immer wieder in Deinen Tag einwebst, wird sie zur natürlichen Grundlage Deines Lebens.

Die größte Herausforderung bei der Etablierung von Achtsamkeitsgewohnheiten ist oft die Motivation, dranzubleiben – besonders in stressigen oder vollen Zeiten. Genau in diesen Momenten jedoch zeigt sich der wahre Wert von Konsistenz: Sie macht Achtsamkeit zu einem verlässlichen Anker, auf den Du zurückgreifen kannst, wenn die Welt um Dich herum hektisch wird.

Denke daran: Jede kleine achtsame Handlung zählt. Die Kontinuität ist wichtiger als die Intensität. Selbst ein paar Minuten täglich können den Unterschied machen und den Boden für ein achtsames Leben bereiten.

TIPPS, UM ACHTSAMKEIT LANGFRISTIG IN DEN ALLTAG ZU INTEGRIEREN

Eine der besten Möglichkeiten, Achtsamkeit langfristig in Dein Leben zu integrieren, besteht darin, sie mit bestehenden Routinen zu verbinden. Unsere Tage sind bereits voller Gewohnheiten – vom Zähneputzen über das Essen bis hin zu alltäglichen Aufgaben. Diese Routinen können zu natürlichen Ankern für Achtsamkeit werden.

Zum Beispiel könntest Du Deine morgendliche Dusche als Gelegenheit nutzen, um bewusst präsent zu sein. Spüre das warme Wasser auf Deiner Haut, achte auf den Duft des Shampoos und beobachte, wie der Dampf den Raum erfüllt. Indem Du Dich voll auf diese Empfindungen konzentrierst, wird selbst eine alltägliche Handlung zu einer achtsamen Praxis.

Ein weiterer Tipp ist, achtsame Pausen in Deinen Tagesablauf einzubauen. Du könntest Dir zum Beispiel angewöhnen, vor jeder Mahlzeit kurz innezuhalten und Deinen Atem für ein paar Sekunden zu spüren, bevor Du mit dem Essen beginnst. Diese kurzen Momente der Besinnung helfen Dir, präsenter zu sein, ohne dass Du viel Zeit aufwenden musst.

Auch das Schaffen von Ritualen kann dabei helfen, Achtsamkeit langfristig zu etablieren. Vielleicht möchtest Du Deinen Tag mit einer kurzen Meditation beginnen oder ihn mit einer Dankbarkeitsübung abschließen. Solche Rituale dienen als Struktur, die Dich daran erinnert, regelmäßig innezuhalten und den Moment bewusst wahrzunehmen.

Um Achtsamkeit langfristig zu verankern, kann es auch hilfreich sein, eine bewusste Umgebung zu schaffen. Vielleicht stellst Du eine kleine Ecke in Deinem Zuhause für Deine Praxis bereit – mit einem Kissen, einer Kerze oder anderen Dingen, die Dich inspirieren. Eine sichtbare Erinnerung kann Dich motivieren, dran zu bleiben.

Vergiss nicht, Deine Fortschritte zu feiern. Jeder kleine Moment der Achtsamkeit, den Du in Deinen Alltag einbringst, ist ein Erfolg. Indem Du diese Erfolge anerkennst, stärkst Du Deine Motivation und machst die Praxis zu etwas, das Dir Freude bereitet.

WIE MAN MIT RÜCKSCHLÄGEN UMGEHT

Es ist ganz normal, dass es Phasen gibt, in denen es Dir schwerfällt, achtsam zu sein. Vielleicht fühlst Du Dich gestresst, hast wenig Zeit oder merkst, dass Du Dich von alten Gewohnheiten leiten lässt. Rückschläge sind ein natürlicher Teil des Prozesses, und sie bedeuten nicht, dass Du gescheitert bist.

Ein wichtiger Schritt im Umgang mit Rückschlägen ist, sie zu akzeptieren, ohne Dich selbst dafür zu kritisieren. Achtsamkeit bedeutet, sich selbst mit Freundlichkeit zu begegnen – und das gilt besonders in schwierigen Momenten. Anstatt Dich dafür zu verurteilen, dass Du Deine Praxis eine Zeit lang vernachlässigt hast, kannst Du Dir sagen: „Es ist in Ordnung. Ich fange einfach wieder an."

Reflektiere, was Dich von Deiner Praxis abgebracht hat. Vielleicht war Dein Alltag besonders hektisch, oder Du hast Deine Ziele zu hoch gesteckt. Diese Reflexion kann Dir helfen, Deine Praxis neu zu gestalten und sie besser an Deine aktuellen Bedürfnisse anzupassen. Manchmal ist es hilfreich, wieder mit kleinen Schritten zu beginnen – vielleicht mit einer kurzen Atemübung oder einer bewussten Pause während des Tages.

Auch das Einholen von Unterstützung kann wertvoll sein. Sprich mit Freunden oder Familienmitgliedern über Deine Achtsamkeitspraxis, oder schließe Dich einer Gruppe an, die gemeinsam meditiert oder achtsam lebt. Der Austausch mit anderen kann motivierend sein und Dir helfen, wieder in Deine Routine zurückzufinden.

Wichtig ist, Dich daran zu erinnern, dass Rückschläge Teil des Lernens sind. Sie zeigen Dir, wo Du wachsen kannst, und geben Dir die

Gelegenheit, Deine Praxis zu vertiefen. Mit jeder Herausforderung, die Du überwindest, stärkst Du Deine Fähigkeit, achtsam zu bleiben – selbst in schwierigen Zeiten.

EIN PERSONALISIERTER PLAN FÜR NACHHALTIGE ACHTSAMKEIT

Um Achtsamkeit langfristig zu etablieren, kann es hilfreich sein, einen personalisierten Plan zu erstellen. Dieser Plan sollte realistisch, flexibel und auf Deine individuellen Bedürfnisse abgestimmt sein.

Beginne damit, Dir klare Ziele zu setzen. Frage Dich: „Warum möchte ich Achtsamkeit praktizieren? Was erhoffe ich mir davon?" Deine Ziele könnten so konkret sein wie „weniger Stress" oder so umfassend wie „mehr innere Ruhe und Klarheit". Diese Klarheit hilft Dir, motiviert zu bleiben und Deine Praxis mit einer Absicht zu verbinden.

Plane feste Zeiten für Deine Achtsamkeitspraxis ein. Du könntest zum Beispiel morgens fünf Minuten meditieren oder abends einen achtsamen Spaziergang machen. Es ist wichtig, diese Zeiten in Deinen Alltag zu integrieren, damit sie zur Gewohnheit werden.

Eine weitere Möglichkeit, Deinen Plan zu personalisieren, besteht darin, die Übungen auszuwählen, die für Dich am besten funktionieren. Manche Menschen bevorzugen stille Meditation, während andere sich durch achtsames Bewegen, Schreiben oder Hören von geführten Meditationen wohler fühlen. Experimentiere und finde heraus, welche Praktiken Dir am meisten zusagen.

Halte Deine Fortschritte schriftlich fest. Ein Achtsamkeitstagebuch kann Dir helfen, Deine Erfahrungen zu reflektieren und Muster zu erkennen. Du könntest zum Beispiel notieren, wie Du Dich nach einer bestimmten Übung fühlst oder welche Momente des Tages Dir besonders präsent waren.

Schließlich solltest Du flexibel bleiben. Dein Leben verändert sich, und Dein Achtsamkeitsplan sollte sich anpassen können. Wenn Du feststellst, dass eine Übung nicht mehr zu Dir passt oder dass Du mehr Zeit für andere Prioritäten benötigst, ist es in Ordnung, Deinen Plan anzupassen.

Ein personalisierter Plan ist kein starrer Leitfaden, sondern ein lebendiges Werkzeug, das Dich auf Deinem Weg begleitet. Indem Du ihn regelmäßig überprüfst und an Deine Bedürfnisse anpasst, schaffst Du die Grundlage für eine nachhaltige Achtsamkeitspraxis, die Dich langfristig unterstützt.

Dieses Kapitel hat gezeigt, dass Achtsamkeit keine einmalige Entscheidung ist, sondern eine Gewohnheit, die über Zeit aufgebaut wird. Konsistenz, Flexibilität und Selbstmitgefühl sind die Schlüssel, um Achtsamkeit in Dein Leben zu integrieren und sie auch in schwierigen Phasen aufrechtzuerhalten. Mit einem klaren Plan, achtsamen Routinen und der Bereitschaft, aus Rückschlägen zu lernen, kannst Du Achtsamkeit zu einem festen Bestandteil Deines Alltags machen – und die vielen Vorteile, die sie mit sich bringt, nachhaltig genießen.

KAPITEL VIERZEHN
EIN ACHTSAMES LEBEN FÜHREN

WIE MAN ACHTSAMKEIT IN SCHWIERIGEN ZEITEN AUFRECHTERHÄLT

Das Leben ist voller Herausforderungen. Es gibt Phasen, in denen alles mühelos scheint, und dann gibt es Zeiten, in denen Stress, Trauer, Angst oder Ungewissheit das Ruder übernehmen. Gerade in schwierigen Momenten wird die Praxis der Achtsamkeit besonders wertvoll – nicht, um Probleme zu lösen, sondern um ihnen mit einer inneren Haltung der Offenheit, Akzeptanz und Stärke zu begegnen.

Schwierige Zeiten bringen oft das Gefühl mit sich, die Kontrolle zu verlieren. Wir versuchen, alles in den Griff zu bekommen, kämpfen gegen unangenehme Emotionen an oder hoffen, dass die Probleme schnell vorübergehen. Doch diese Widerstände kosten Energie und verstärken oft das innere Unwohlsein. Achtsamkeit bietet einen anderen Ansatz: Sie lädt Dich ein, den Moment so anzunehmen, wie er ist, ohne ihn zu verändern oder zu bewerten.

Das bedeutet nicht, dass Du die Schwierigkeiten gutheißen musst. Vielmehr hilft Dir Achtsamkeit, sie zu beobachten, ohne Dich von ihnen überwältigen zu lassen. Eine einfache Atemübung, bei der Du bewusst ein- und ausatmest, kann Dir helfen, in der Gegenwart zu bleiben, auch wenn die Gedanken kreisen. Indem Du den Fokus auf Deinen Atem legst, unterbrichst Du den Strom der Sorgen und schaffst Raum, um klarer zu denken.

Eine weitere Möglichkeit, Achtsamkeit in schwierigen Zeiten zu praktizieren, ist, sich auf die kleinen Momente der Ruhe oder Freude zu konzentrieren. Selbst inmitten von Chaos gibt es oft kleine Lichtblicke – ein freundliches Wort, die Wärme einer Tasse Tee oder das Gefühl der Sonne auf Deiner Haut. Achtsamkeit hilft Dir, diese Momente bewusst wahrzunehmen und sie als Kraftquellen zu nutzen.

Auch das Üben von Selbstmitgefühl spielt in schwierigen Zeiten eine entscheidende Rolle. Achtsamkeit lehrt Dich, Dir selbst mit der gleichen Freundlichkeit zu begegnen, die Du einem geliebten Menschen entgegenbringen würdest. Erinnere Dich daran, dass es in Ordnung ist, nicht perfekt zu sein, und dass jeder Mensch Zeiten durchlebt, in denen er strauchelt. Diese Haltung des Mitgefühls kann Dir helfen, auch inmitten von Herausforderungen in Kontakt mit Deiner inneren Stärke zu bleiben.

Schwierige Zeiten werden nicht weniger herausfordernd, wenn Du achtsam bist – aber sie werden leichter zu tragen. Achtsamkeit gibt Dir die Werkzeuge, um mit Ungewissheit, Schmerz und Veränderung bewusster und resilienter umzugehen.

DIE LEBENSLANGEN VORTEILE DER ACHTSAMKEIT

Achtsamkeit ist keine kurzfristige Lösung, sondern eine Lebensweise, die mit der Zeit immer tiefere Wurzeln schlägt. Die Vorteile, die sie bietet, sind nicht nur unmittelbar spürbar – wie mehr Ruhe, Klarheit oder Gelassenheit im Alltag – sondern sie entfalten sich auch über Jahre hinweg.

Einer der größten Vorteile der Achtsamkeit ist die Entwicklung von Stressresistenz. Mit regelmäßiger Praxis lernst Du, weniger reaktiv auf Stressauslöser zu reagieren und stattdessen bewusster und gelassener zu handeln. Studien zeigen, dass Achtsamkeit die Aktivität in der Amygdala – dem Teil des Gehirns, der für die Stressreaktion verantwortlich ist – langfristig reduziert. Dies bedeutet, dass Du nicht nur akute Stresssituationen besser bewältigen kannst, sondern auch auf lange Sicht weniger anfällig für chronischen Stress bist.

Ein weiterer lebenslanger Vorteil der Achtsamkeit ist die Förderung innerer Balance. Mit der Zeit wird es Dir leichter fallen, auch in turbulenten Phasen einen ruhigen Kern in Dir zu bewahren. Diese innere Stabilität wirkt sich nicht nur positiv auf Dein eigenes Wohlbefinden aus, sondern auch auf Deine Beziehungen, Deine Arbeit und Deine Gesundheit.

Achtsamkeit trägt auch dazu bei, die Fähigkeit zur Selbstreflexion und zum Lernen aus Erfahrungen zu stärken. Indem Du Dich regelmäßig mit Deinen Gedanken, Gefühlen und Verhaltensmustern auseinandersetzt, gewinnst Du ein tieferes Verständnis für Dich selbst. Dieses Bewusstsein hilft Dir, bewusste Entscheidungen zu treffen und Dein Leben in eine Richtung zu lenken, die Deinen Werten entspricht.

Ein weiterer wichtiger Aspekt ist die Förderung von Dankbarkeit. Mit der Zeit schärft Achtsamkeit Deinen Blick für die positiven Aspekte des Lebens – sei es ein Lächeln, ein Moment der Stille oder die Unterstützung durch andere. Diese Haltung der Dankbarkeit steigert nicht nur Dein eigenes Glücksempfinden, sondern macht Dich auch empfänglicher für die kleinen Freuden des Lebens.

Die Vorteile der Achtsamkeit enden nicht mit dem Moment, in dem Du aufhörst zu meditieren. Sie sind ein Geschenk, das mit der Zeit wächst und Dir hilft, ein bewussteres, erfüllteres und nachhaltigeres Leben zu führen.

DIE REISE DER ACHTSAMKEIT FORTSETZEN

Achtsamkeit ist kein Ziel, das Du irgendwann erreichst. Sie ist eine Reise, die sich fortwährend entwickelt – ein Weg, der Dich einlädt, immer tiefer in die Kunst des bewussten Lebens einzutauchen. Auf dieser Reise wirst Du entdecken, dass Achtsamkeit nicht statisch ist, sondern sich an Deine Lebensumstände anpasst und mit Dir wächst.

Die Reise der Achtsamkeit beginnt oft mit kleinen Schritten – einer ersten Meditation, einer bewussten Atemübung oder dem Moment, in dem Du bemerkst, dass Du präsent bist. Doch je mehr Du praktizierst, desto mehr wird Achtsamkeit zu einem natürlichen Bestandteil Deines Lebens. Sie begleitet Dich nicht nur in ruhigen Momenten, sondern auch in Herausforderungen, Entscheidungen und Veränderungen.

Ein wichtiger Aspekt dieser Reise ist die Bereitschaft, immer wieder neu anzufangen. Es wird Tage geben, an denen es Dir schwerfällt, achtsam zu sein, und Phasen, in denen Du das Gefühl hast, von der

Praxis abzuweichen. Doch Achtsamkeit erinnert Dich daran, dass jeder Moment eine neue Gelegenheit ist, zurückzukehren – zu Deinem Atem, zu Deiner Präsenz, zu Dir selbst.

Mit der Zeit wirst Du vielleicht spüren, dass sich Deine Perspektive verändert. Achtsamkeit öffnet die Tür zu einer tieferen Verbindung mit der Welt um Dich herum. Du wirst bemerken, wie die Jahreszeiten wechseln, wie die Farben und Gerüche sich verändern, wie das Leben in all seinen Facetten lebendig ist. Diese Verbindung gibt Dir das Gefühl, Teil eines größeren Ganzen zu sein – ein Gefühl, das nicht nur beruhigend, sondern auch zutiefst inspirierend ist.

Die Reise der Achtsamkeit ist nicht immer leicht, aber sie ist immer bereichernd. Sie lehrt Dich, das Leben mit offenen Augen und einem offenen Herzen zu betrachten, und schenkt Dir die Freiheit, bewusster, authentischer und liebevoller zu sein – sowohl Dir selbst als auch anderen gegenüber.

ABSCHLIESSENDE WORTE DER INSPIRATION

Die Entscheidung, ein achtsames Leben zu führen, ist ein mutiger Schritt. Es bedeutet, sich dem Moment zuzuwenden, sich selbst ehrlich zu begegnen und die Tiefen und Höhen des Lebens mit offenen Armen zu empfangen. Es ist ein Weg, der Dich herausfordert, der Dich wachsen lässt und der Dir zugleich unendliche Möglichkeiten eröffnet.

Erinnere Dich daran, dass Achtsamkeit kein Perfektionsstreben ist. Es geht nicht darum, jeden Moment perfekt bewusst zu erleben oder jede Situation mit Gelassenheit zu meistern. Es geht darum, immer wieder innezuhalten, zu atmen und Dich selbst daran zu erinnern, dass das Leben im Hier und Jetzt stattfindet.

Die Praxis der Achtsamkeit ist ein Geschenk, das Du Dir selbst machen kannst – ein Geschenk, das Dich mit Ruhe, Klarheit und einem tieferen Sinn verbindet. Sie ist eine Einladung, das Leben in seiner ganzen Fülle zu erleben, ohne Angst vor dem Vergänglichen oder der Ungewissheit.

Nimm Dir die Zeit, dankbar zu sein – für Dich selbst, für die Momente der Präsenz, die Du schon erlebt hast, und für die Reise, die noch vor Dir liegt. Es spielt keine Rolle, wie lange der Weg ist oder wie oft Du stehen bleibst. Jeder Schritt in Richtung Achtsamkeit ist ein Schritt, der Dich näher zu Dir selbst bringt.

Lass dieses Buch Dein Begleiter auf dieser Reise sein. Nutze die Werkzeuge, Übungen und Reflexionen, die Du hier gefunden hast, um Achtsamkeit in Dein Leben zu integrieren. Und vergiss nie: Alles, was Du suchst, ist bereits in Dir. Mit jedem bewussten Atemzug, mit jedem Moment der Aufmerksamkeit kehrst Du zu diesem inneren Ort zurück – einem Ort der Ruhe, der Stärke und der Verbundenheit.

Das Leben ist jetzt. Achtsamkeit hilft Dir, es zu sehen, es zu spüren und es in vollen Zügen zu leben.